PCB 재료 기술학

PCB Material Technology

김형록 저

홍릉과학출판사

머리말

PCB 산업은 2000년 이후부터 IT 산업의 메카로 지속적으로 획기적인 발전을 하고 있다.

특히, 새로운 공법이 등장하고 이에 맞추기 위한 소재 산업 역시 연구/개발되어 오고 Process control이 가능한 제조 설비도 함께 발전하고 있는 추세이다.

새로운 공법의 발전에 맞게 그 성능을 좇아가려하다 보니 기존 소재로서는 어려움이 많아 신소재의 연구와 시험, 평가 등을 통해 전혀 새로운 소재들이 출현하고 있다.

PCB 산업은 전문 기술과 이에 맞는 설비가 따라 주고, 특성이 맞는 소재의 사용 여부에 따라 그 발전 정도에 큰 차이가 발생하다.

이에 PCB 산업에서 현재 사용되는 있는 중요 소재들 특히, CCL, ink, D/F 등에 대해서 정확한 지식과 정보를 제공하고, 전문 엔지니어들이 알아야 부분을 전달하고자 이 책을 출판하게 되었으며, 아울러 차세대 PCB 소재들에 대해서도 일부 소개를 하여 전문성을 갖추도록 노력하였다. 모쪼록 이 PCB 재료 기술학 책자가 PCB 전공 학생, PCB 산업 종사자 분들과 관련 업계 분들에게 조금이나마 도움이 되었으면 좋겠고, 이 책을 집필하는 데 도움을 주신 출판사와 편집부 여러분께 감사를 드린다.

김형록 저

차 례

Chapter 1

CCL

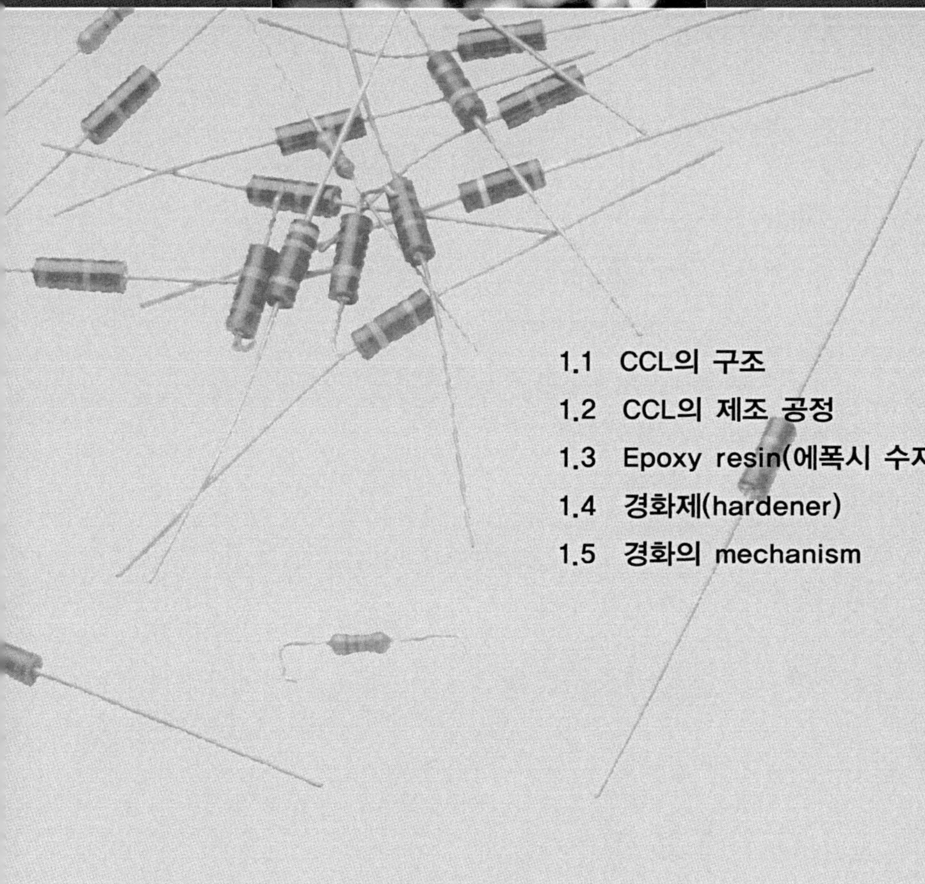

CCL은 Copper Clad Laminate(동박이 덮힌 적층판)의 약자로서 PCB를 제조하기 위한 Base material로 업체에서는 원판이라고도 한다.

PCB 공정 기술학에서 서술한 내용과의 중복을 피하여 CCL의 근본적인 제조 공법 및 종류에 대해서 논하겠다.

1.1 CCL의 구조

위에서 보듯이 CCL은 크게 전기 회로를 형성해 주는 금속인 Cu foil과 절연성을 부여해 주는 절연층으로, 이 절연층은 유리 섬유에 수지가 함침된 구조로 되어 있다. 여기서, 수지가 무엇으로 되어 있느냐에 따라 에폭시 수지 기판, 폴리이미드 수지 기판, 페놀 수지 기판 등으로 나뉘어진다.

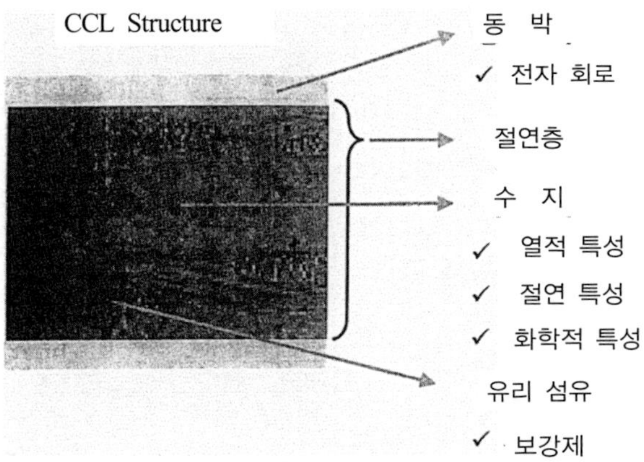

【그림 1.1】 CCL의 구조

1.2 CCL의 제조 공정

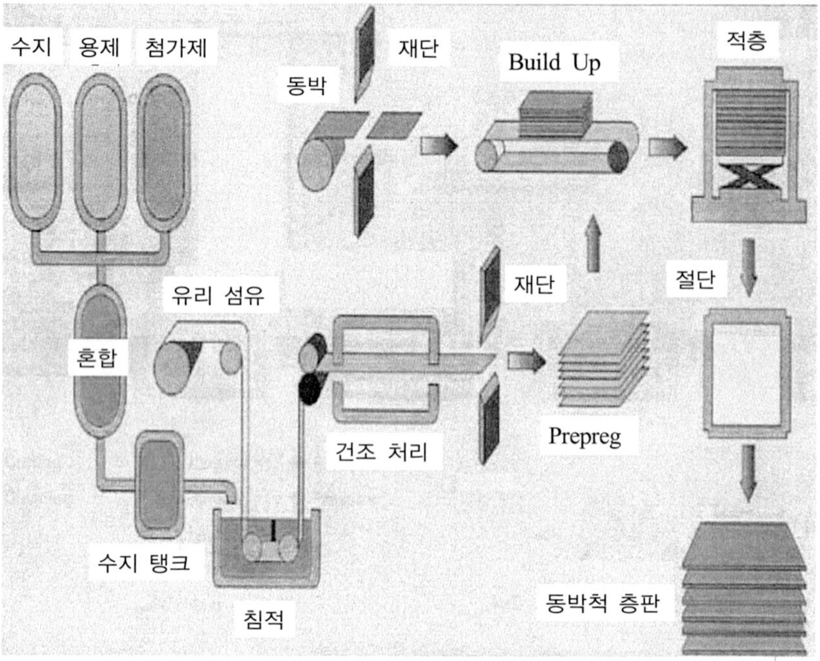

▎그림 1.2 ▎ CCL의 제조 공정

그림 1.2는 CCL의 제조 공정 flow를 나타내고 있다.

1.3 Epoxy resin(에폭시 수지)의 개념

에폭시 수지는 다음과 같이 정의할 수 있다.

화학적으로는 화학 구조 내에 에폭시기를 포함한 모든 물질로서 epoxide, epoxy ring, Oxirane, Glycidyl 등을 의미하고, 산업적으로는 열 경화성 수지의 중간체(pre polymer)가 경화제와의 반응에 의해 3차원 망목상 구조를 형성하는 것을 의미한다.

즉, 에폭시 고유의 물성, 2개 이상의 에폭시기를 함유하고 있는 상태를 말한다. 또한 에폭시 수지는 공법과 성분에 따라 다음과 같은 몇 가지로 나눌 수 있다.

1.3.1 Bisphenol A Type의 에폭시 수지

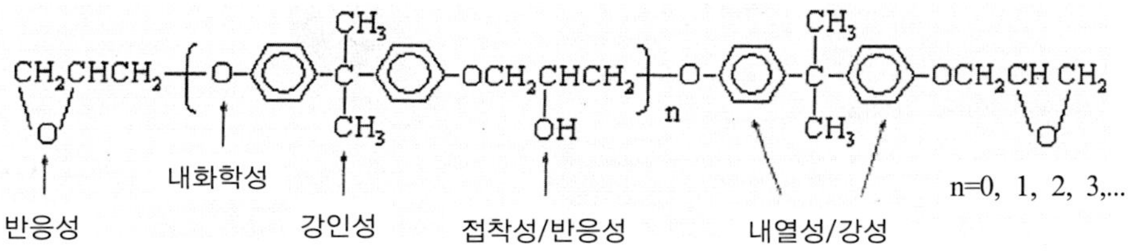

▌그림 1.3▐ Bisphenol A Type의 에폭시 수지

1.3.2 Novolac Type의 에폭시 수지

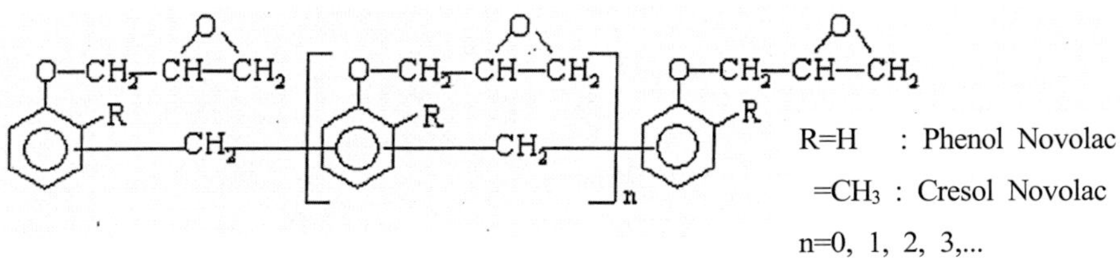

▌그림 1.4▐ Novolac Type의 에폭시 수지

1.3.3 Bromine이 합성된 에폭시 수지

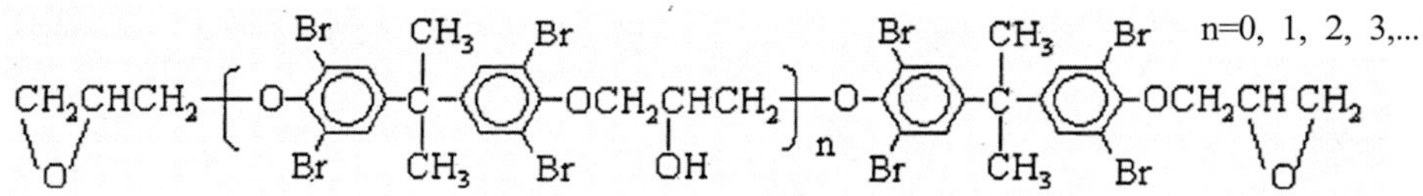

▌그림 1.5▐ Bromine이 합성된 에폭시 수지

1.4 경화제(hardener)

경화제는 에폭시 수지와 열 경화성 수지의 경화를 돕는 촉매 역할을 하는 고분자 약품으로 대표적인 것은 다음과 같다.

1.4.1 Dicyandiamide

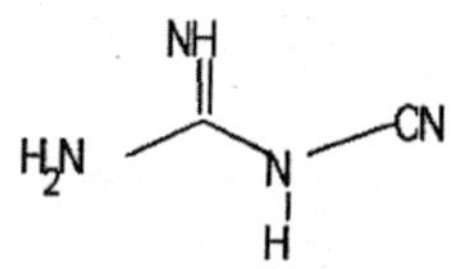

❙그림 1.6❙ Dicyandiamide 경화제

1.4.2 Novolac Hardener

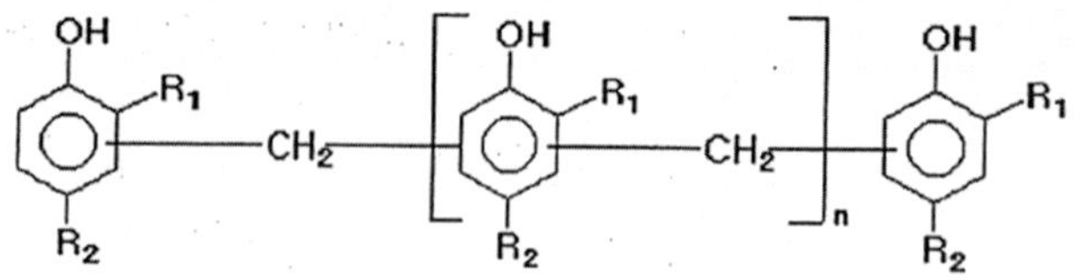

R1 = H : Phenol Novolac
= CH_3 : Cresol Novolac
n = 0, 1, 2, 3,...

❙그림 1.7❙ Novolac 경화제

1.5 경화의 mechanism

경화는 다음과 같은 반응에 의해 이루어진다.

1.5.1 Dicyandiamide Cure

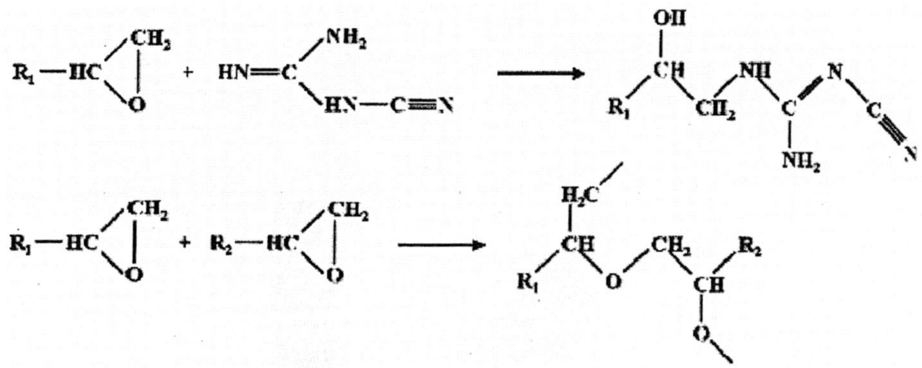

【그림 1.8】 경화 반응도

1.5.2 Hydroxyl Cure

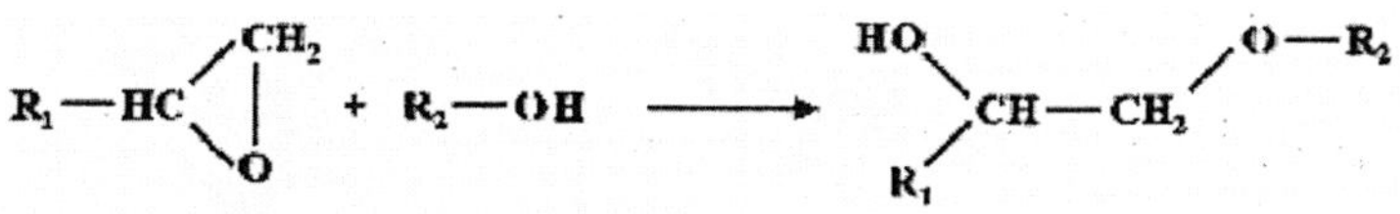

Chapter 2

CCL 종류별 특성 연구

이 장에서는 CCL의 종류별 특성 및 주요 물성, 적용 등에 대해 알아보았다.

2.1 표준 에폭시 수지

에폭시 수지 Base의 CCL은 통상적으로 FR Series로서 PCB 업계에서 가장 많이 사용되는 CCL이다.

2.1.1 FR-4(표준 epoxy 수지)

1) 특성

- 체적 저항률 : 5 × 1015Ω · cm(C-96/20/65)
  1 × 1015Ω · cm(C-96/20/65 + C-96/40/90)
- 표면 저항 : 6 × 1014Ω(C-96/20/65)
  2 × 1014Ω(C-96/20/65 + C-96/40/90)
- 유전율(1MHz) : 4.7(C-96/20/65)
  4.7(C-96/20/65 + D-24/23)
- 유전정접(1MHz) : 0.018(C-96/20/65)
  0.021(C-96/20/65 + D-24/23)
- 소층 파괴 전압(kV) : 55kV(D-48/50)
- 관층 파괴 전압(kV/mm) : 30kV/mm(D-48/50)
- 절연 저항 : 1 × 1014Ω(C-96/20/65)
  6 × 1013Ω(C-96/20/65 + D-24/100)
- 흡수율 : 0.10%(E-24/50 + D-24/23)
- 내열성 : · 솔더 내열성 ~ 부풀음, 변색이 없어야 한다.
  · 열 굴곡 강도 ~ 25%(150℃ 하에서)
- Tg : · 150℃ (DMA 법)
  · 125℃ (TMA 법)
- 열팽창 계수 : 65ppm/℃ (TMA 법)

- Peel Strength : · Cu foil 18μm ~ · 1.5KN/m
  · 1.5KN/m(S-20"/260)
  · Cu foil 35μm ~ · 2.0KN/m
  · 1.9KN/m(S-20"/260)
  · Cu foil 70μm ~ · 2.9KN/m
  · 2.8KN/m(S-20"/260)
- 굴곡 강도 : 470~540 N/mm^2
- UL 난연성 : 94V - 0

[참고]

1. ( ) 괄호 안의 표기는 시험 방법을 의미하며 A = 채취 상태에서 처리, C = 항온 항습 상태에서 처리, D = 항온 수 중에서 처리, E = 항온 공기 중에서 처리한 것을 뜻한다. 예로서 C-96(시간)/20(온도)/65(습도)일 경우 20℃, 65% RH에서 96시간 처리 후 측정하였다는 것을 약식으로 기록한 것을 뜻한다.
2. 소층 파괴 전압은 적층판에 평행한 면의 파괴 전압을 뜻하고, 관층 파괴 전압은 적층판에 수직면의 파괴 전압을 말한다.

2.1.2 일반 FR-4 pre-preg

1) 특성

▌표 2.1▌ 일반 FR-4 pre-preg 특성표

두께(mm)	수지량(%)	수지 흐름(%)	gel time(초)	휘발분(%)
0.07±0.02	60±3	36±5	125±30	0.7 이하
0.10±0.02	53±3	32±5	115±30	0.7 이하
0.15±0.02	50±3	29±5	115±30	0.7 이하
0.20±0.02	50±3	30±5	100±360	0.7 이하

2.1.3 Technical data

1) pre-preg resin의 용융 점도 거동 mechanism

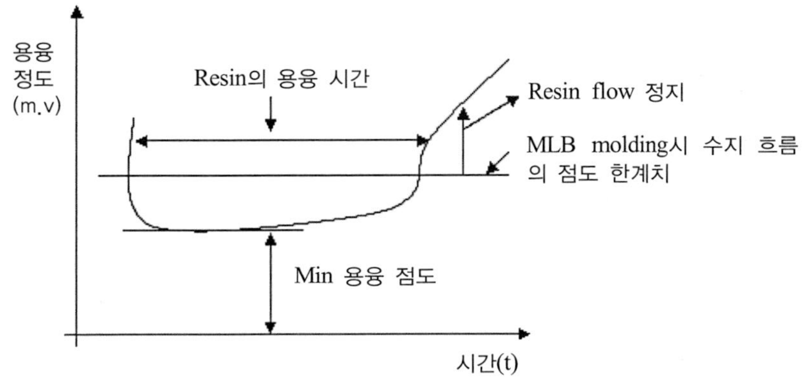

▌그림 2.1▐ pre-preg 수지의 거동 mechanism

위 그림 2.1은 pre-preg resin이 열과 압력을 받아 시간이 경과함에 따른 resin의 용융 점도의 점도 변화 및 거동을 나타낸 그래프로 pre-preg의 적층 시 mechanism을 알 수 있는 좋은 그래프이다.

2) 표준 성형 조건(press 조건)

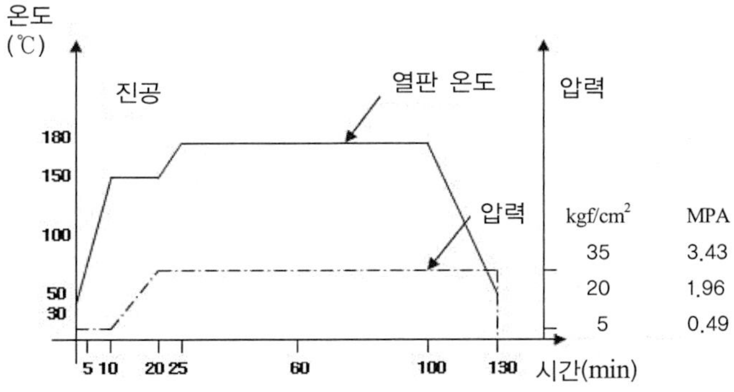

▌그림 2.2▐ 일반 FR-4 press cycle

※ pressing 조건

- raise Temp rate : 2～3℃/분(90～140℃)
- 최고 도달 온도 : 170℃ 이상
- 제품 온도 150℃ 이상 유지 : 30분 이상
- 압력 : high 30～40kgf/cm^2(2.94～3.92MPa)
- 10매/opening 처리.

2.1.4 halogen free epoxy 수지

일반 FR-4 에폭시 수지에 함유되어 있는 halogen 성분(F, cl 등)은 나중에 폐기할 경우 토양을 오염시키는 성분이 되어 환경 공해로서 작용하기 때문에 halogen 성분이 없는 친환경적인 epoxy 수지가 개발되어 나오기 시작하였다. 이 halogen free 에폭시 수지의 특성, 물성 등에 대해 알아보기로 한다.

1) halogen free CCL의 특성

① 일반 FR-4 수지와의 차이점

- 유전 정접이 FR-4보다 낮다(0.015).
- 열 팽창 계수가 FR-4 보다 낮다(55ppm/℃).
- peel strength가 FR-4보다 전반적으로 낮다.

② 성형 조건

※ 성형 조건

- 성형 시간 : 180분(가열 : 150분 + 냉각 : 30분)
- 열판 온도 : 175℃
- 제품 온도 : 160℃ 이상, 70분 이상 유지
- Cushion지 : 190g/m^{2}로 top, bottom 8～10매
- 압력 : 25～30kgf/cm^2(2.45～2.94MPa)

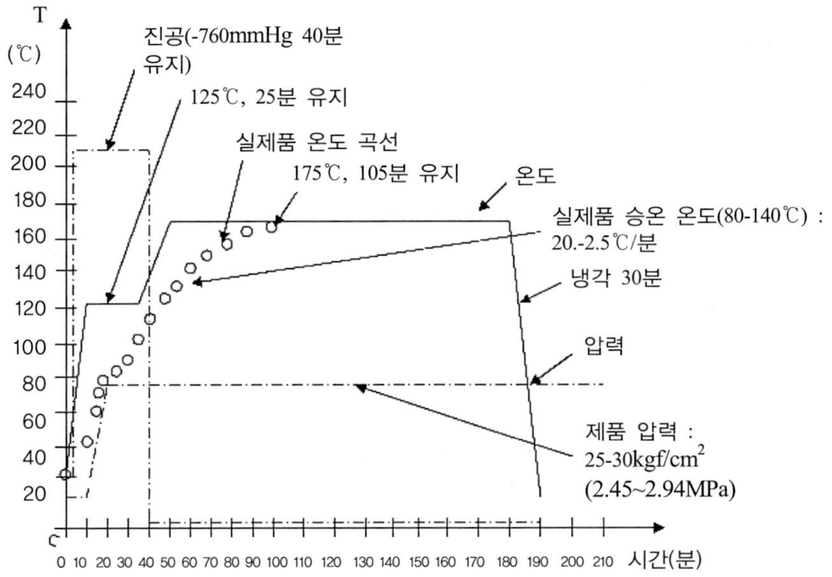

▌그림 2.3▌ halogen free CCL press cycle

③ 치수 안정성

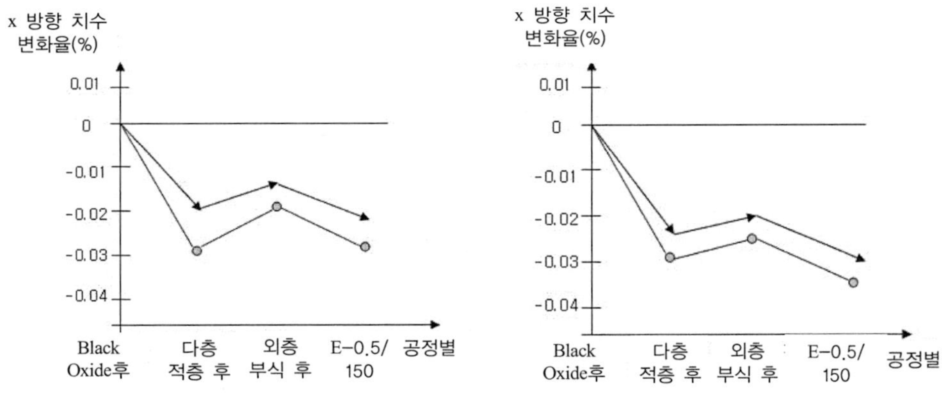

[보기] ● : Standard FR-4, ▲ : Halogen free FR-4

▌그림 2.4▌ 치수 안정성 비교도

※ 측정 조건

- 측정 PCB : x(460) × y(510) (mm)
- 내층 층별 pattern Cu 면적
  - 2층 : 80%
  - 3층 : 40%
- Lay-up 구조

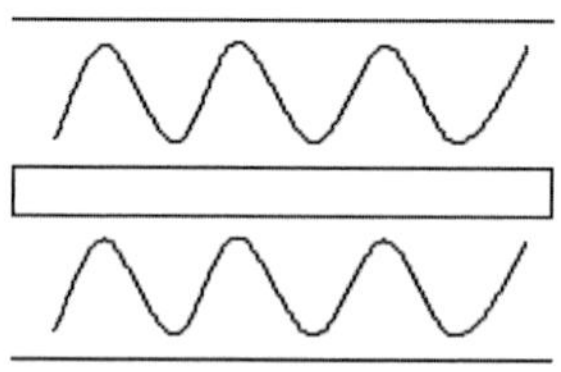

위 그래프를 분석해 보면 일반 FR-4보다 halogen free FR-4가 훨씬 치수 변화율이 적은 것을 알 수 있다. 이것은 각 공정별 처리 시 치수 거동이 적어 치수 불량을 줄일 수 있고, 안정적이라고 할 수 있다.

④ migration resistance(Through hole 벽간)

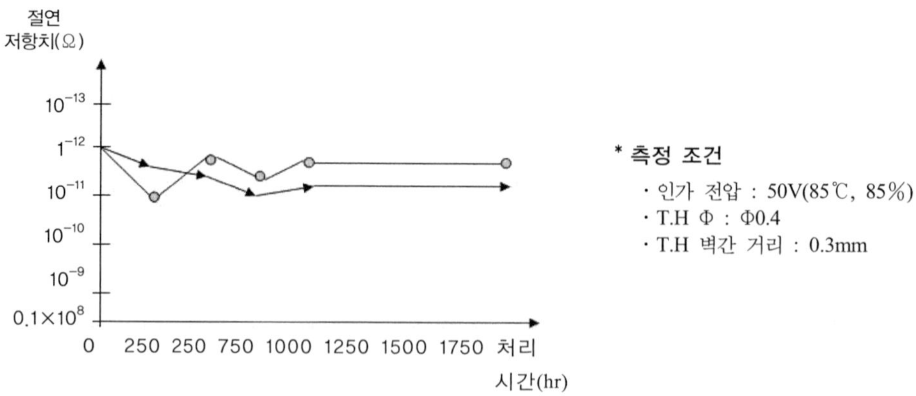

▌그림 2.5▐ migration resistance

위 그림에서 보면 halogen free CCL이 일반 FR-4보다 Through hole 벽간 migration성이 적은 변화의 저항치로 나타남을 알 수 있다. 이것은 Through hole migration성이 안정적이라고 할 수 있다.

⑤ Through hole 신뢰성

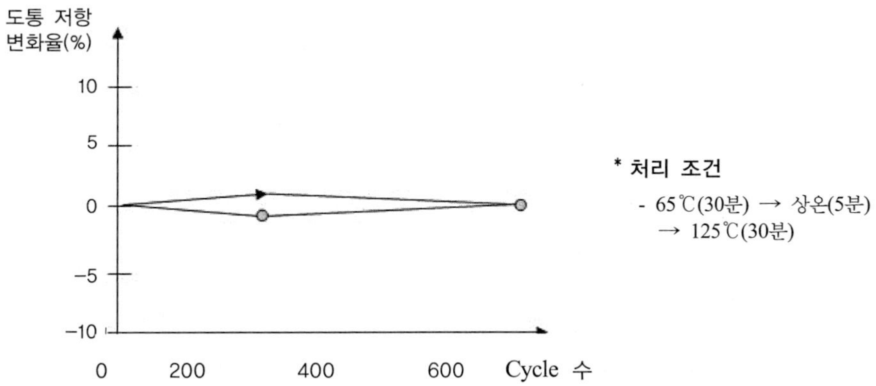

▌그림 2.6▐ Through hole 신뢰성

Through hole 신뢰성 면에서 비교한 것을 보면 일반 FR-4와 halogen free FR-4 간에 큰 차이가 없는 것을 알 수 있다.

⑥ KMn04 Desmear etching성

▌표 2.2▐ 디스미어 etching성 비교표

처리 조건	Halogen free	FR−4
80℃, 10분 침적	4.2(0.15) 4.3(0.15)	4.0(0.14) 3.7(0.13)
평균	4.3[1](0.15[2])	3.9(0.14)

* 시편
: 50㎜ × 50㎜ × 0.6㎜(두께)
* 약품 : Shipley사

[1]0.6t, 50×50mm 시편의 Desmear 후 무게 손실량(g), [2]무게 손실의 %

여기에서 알 수 있는 것은 halogen free FR-4의 Smear 제거(Desmear etching성)가 FR-4보다 잘 되는 것을 알 수 있다.

즉, Desmear가 잘 됨으로써 Smear 제거가 용이하고 epoxy etching이 잘 되므로 후속 무전해 동도금 밀착성에 유리함을 알 수 있다.

⑦ oxide 처리성

| 표 2.3 | Oxide 처리성 비교표

처리 조건	Halogen free	FR-4
70℃, 5분 침적 평균	0.0(0.01)	0.0(0.00)
70℃, 15분 침적 평균	0.1[3](0.01)[4]	0.1(0.01)

* 시편
: 50㎜ × 50㎜ × 0.1㎜
* 약품 : Macdermid사

[3]Oxide후 무게 손실량(g), [4]무게 손실의 %

Oxide 약품 침해 여부 실험에서는 FR-4 및 halogen free FR-4 모두에서 영향을 받지 않음을 알 수 있다.

2.1.5 고내열 FR-4(FR-5와 동일)

1) 고내열 FR-4의 특성

① 일반 FR-4와의 차이점
- 체적 저항률이 낮다.
- 표면 저항이 낮다.
- 유전율은 거의 동일하다.
- 유전 정접도 거의 동일하다.
- 절연 저항이 높다.
- 흡수율이 낮다.
- 내열성의 열 적용 시 굴곡율이 훨씬 높다.
- Tg가 높다(175℃ 이상).
- 열 팽창 계수가 낮다(50ppm/℃).
- Peel Strength가 낮다.

② 고내열 FR-4 pre-preg
- gel time이 일반 FR-4보다 현저히 짧다.
- 휘발분이 일반 FR-4보다 2배 이상 많다.

③ 적용

- BGA용 PCB
- CoB용 PCB
- 고다층용 PCB
- Build up PCB용 Thin CCL

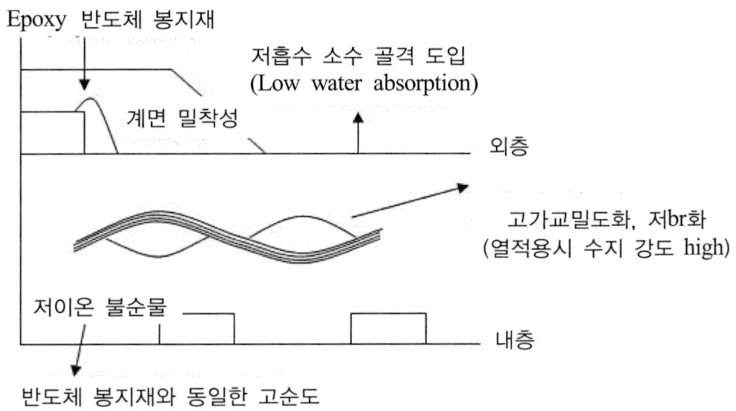

2) Technical data

① 기판 두께 방향(z축) 열 팽창률

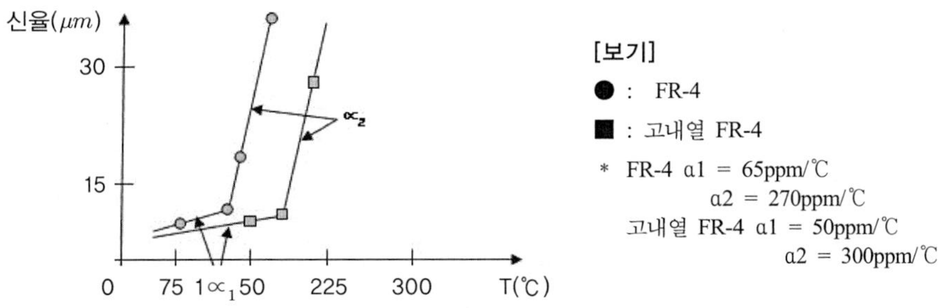

▌그림 2.8▐ Z축 팽창률 비교도

위 그래프에서 알 수 있듯이 고내열 FR-4가 일반 FR-4에 비교하여 저온(7

5℃~180℃)에서 Z축 열팽창이 낮고, 신율 또한 낮아 홀속 신뢰성이 우수하게 나타났고, 치수 안정성 역시 우수한 것으로 나타났다.

② 흡수 특성

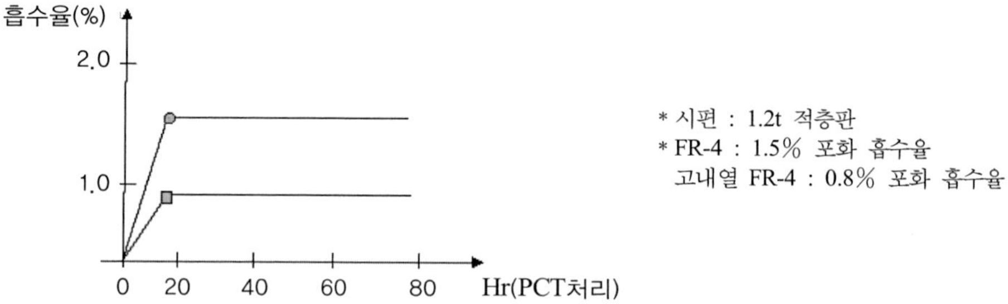

▌그림 2.9▐ 흡수 특성 시험

위 PCT 시험 결과 그래프를 보면 일반 FR-4의 50% 수준대의 흡수율로 이것은 장기간 사용 시 신뢰성을 보장하고, 공정 진행 시 흡수 처리 공정에서도 훨씬 안정적이라고 할 수 있다.

③ 특성 비교

▌표 2.4▐ 특성 비교도

항 목		단위	고내열 FR-4	일반 FR-4	고내열 이미드 수지 기판
Tg(DMA)		℃	195	150	185
PCT 포화 흡수율		%	0.8	1.5	1.4
열 분해 온도		℃	321	300	330
난연성			94V-0	94V-0	94V-0
PCT 48시간 열수 추출 불순물	Na+	ppm	3	7	4
	Cl−	ppm	1 이하로 측정 불가	15	60
	도전율	μs	40	133	78

[참고]

1. PCT 포화 흡수율이란 pressure cook test(압력 밥솥 Test)로 최대 포화 습기 흡수율을 측정한 결과로, 고내열 FR-4가 일반 FR-4, 고내열 폴리이미드 수지보다 훨씬 낮은 흡수율 특성을 나타내고 있음을 알 수 있다.
2. PCT 48시간 열수 추출 후 불순물 Test는 PCT Test 후 발생한 Na^+, Cl^- 불순물을 측정한 것이다. 여기에서 고내열 FR-4가 일반 FR-4보다 Na^+, Cl^- 불순물이 적음을 알 수 있고, 이것은 위에서 설명한 물성에서 보듯이 고순도 저이온 불순물로 되어 있음을 알 수 있다. 이로 인해 외부에서 전류를 걸었을 때 발생하는 도전율은 다른 일반 FR-4와 폴리이미드 기판보다 당연히 낮은 수치를 보임을 알 수 있다.

④ 표준 성형 조건

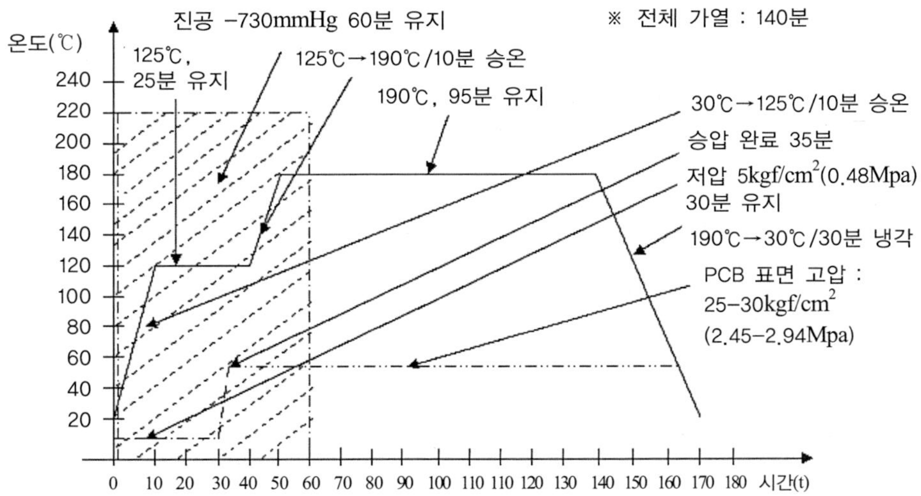

▌그림 2.10▐ 고내열 FR-4의 적층 Cycle

※ 성형 조건

- craft 지 : 8～10매
- 성형 Stack PCB 수 : 6～8매/opening
- PCB 내부 승온률(80→140℃) : 2.0～2.5℃/분
- 최고 도달 온도 : 175℃ 이상

- 160℃ 이상 유지 시간 : 90분 이상
- 가압 조건 : 제품 내부 온도 70~90℃ 도달 시 가압
- 진공 조건 : 제품 내부 온도 110~130℃ 도달 시까지 진공 유지

2.1.6 저유전율 FR-4

1) 특성

- 체적 저항률이 일반 FR-4보다 높다.
- 표면 저항이 일반 FR-4보다 낮다.
- 유전율이 일반 FR-4보다 낮다.
- 유전 정접이 일반 FR-4보다 낮다.
- 절연 저항이 일반 FR-4보다 낮다.
- 흡수율이 일반 FR-4보다 낮다.
- 열을 가한 상태의 굴곡율이 FR-4보다 높다.
- Tg가 150℃(TMA)로 FR-4보다 높다.
- 열 팽창 계수가 FR-4보다 낮다.
- Cu peel Strength는 FR-4보다 낮다.

2) 저유전율 FR-4 pre-preg

- resin flow가 얇은 P/P에서 낮다.
- gel time은 FR-4 P/P보다 약간 길다.
- 휘발분이 FR-4보다 많다.

3) 용도

- 컴퓨터용 저유전율 PCB
- 고주파용 PCB

4) Technical data

① 유전율의 주파수 의존성

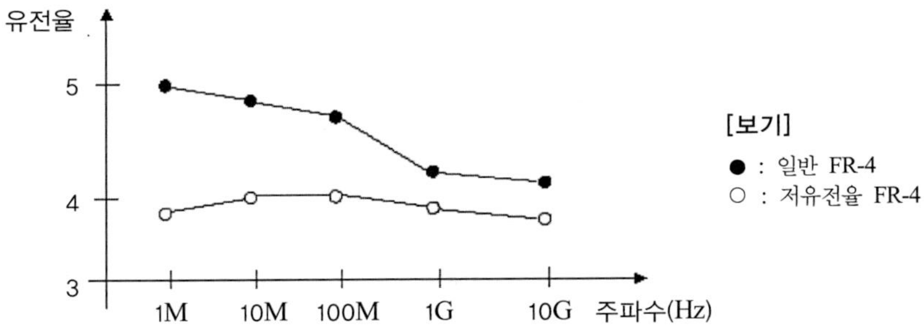

▌그림 2.13▐ 유전율의 주파수 의존성

② 유전 정접의 주파수 의존성

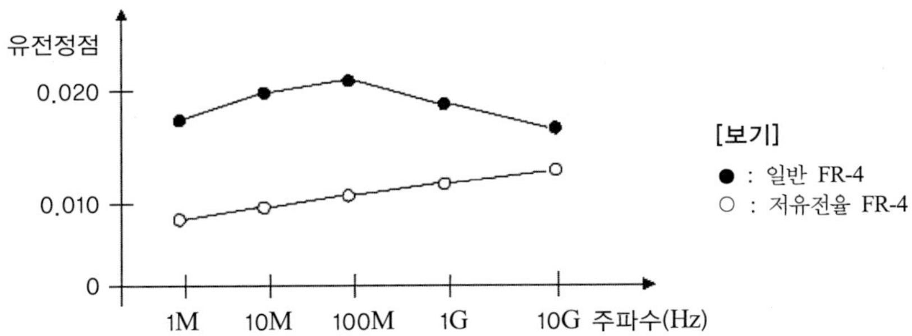

▌그림 2.14▐ 유전 정접의 주파수 의존성

위 그림 2.13, 2.14에서 보듯이 유전율과 유전 정접은 적용 주파수에 따라 변화하는데, 저유전율 FR-4가 일반 FR-4보다 주파수 변화에 덜 영향을 받는 것을 알 수 있다. 이것은 저유전율 FR-4가 고주파에서 대응이 가능하다는 것과 고속 신호 전송에 훨씬 유리하다는 의미이다.

③ 유전율의 온도 의존성(1GHz)

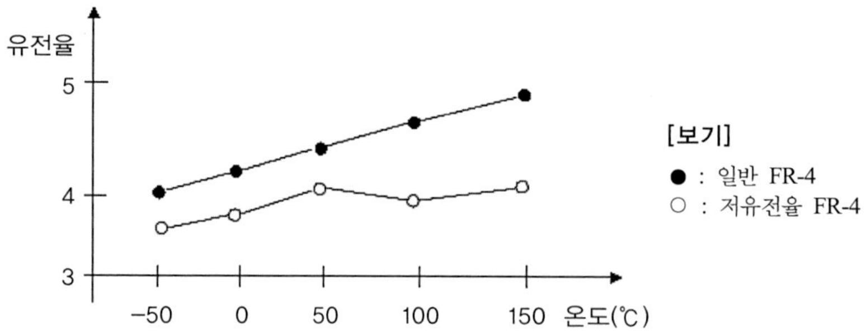

▌그림 2.15▐ 유전율의 온도 의존성

④ 유전 정접의 온도 의존성(1GHz)

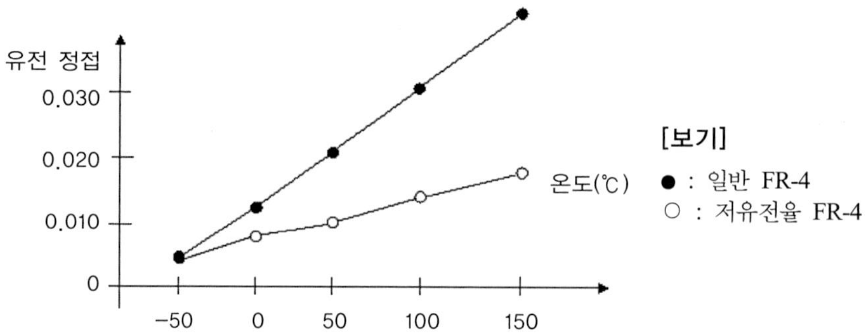

▌그림 2.16▐ 유전 정접의 온도 의존성

위 그림 2.15, 2.16은 유전율/유전 정접이 외부 온도에 의해 변화하는데, 이것으로 저유전율 FR-4가 일반 FR-4보다 온도의 영향을 덜 받음을 알 수 있다.

⑤ 비유전율의 흡습 의존성(1GHz)

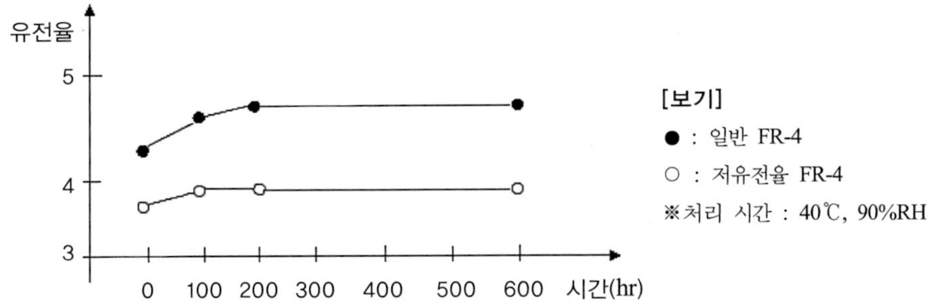

▌그림 2.17▐ 유전율의 흡습 의존성

⑥ 유전 정접의 흡습 의존성(1GHz)

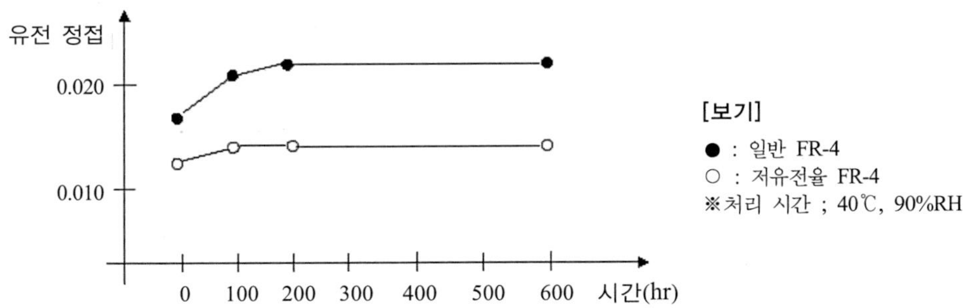

▌그림 2.18▐ 유전 정접의 흡습 의존성

위 그림 2.17, 2.18은 흡수된 습기에 의해 흡습 영향을 비교한 그래프로서 저유전율 FR-4가 일반 FR-4보다 흡습 영향을 덜 받음을 알 수 있다. 이상에서 보듯이 저유전율 FR-4가 일반 FR-4보다 주파수 변화, 온도 변화, 습도 변화 등에 대해 훨씬 안정성을 보이고 영향을 덜 받으므로 신호 전송에 훨씬 유리함을 알 수 있다.

⑦ 표준 성형 조건

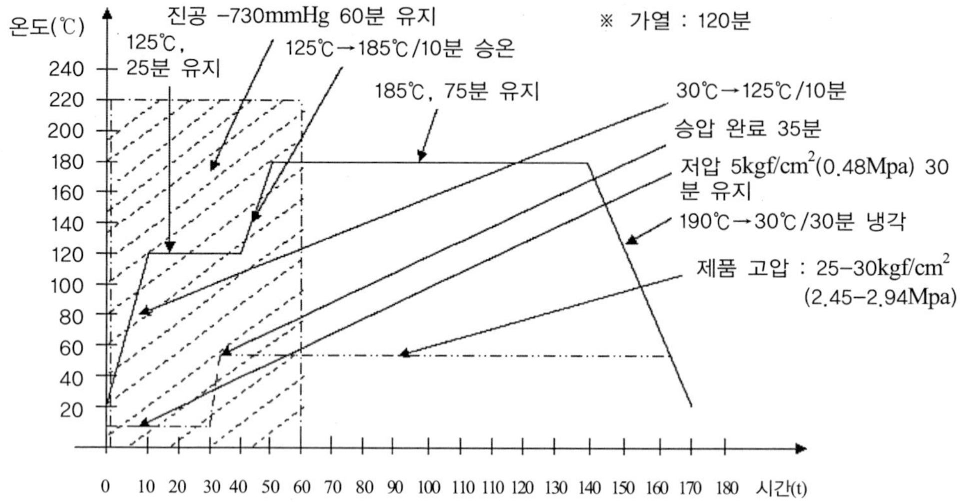

▌그림 2.19▌ 저유전율 FR-4의 press cycle

※ 성형 조건

- craft 지 : 8～10매
- 성형 PCB 수 :1.6t 10매/opening
- 제품 내부 승온(80→140℃) : 2.0～2.5℃/분
- 160℃ 이상 유지 시간 : 60분 이상
- 가압 조건 : 제품 내부 온도가 70～90℃ 도달 시 가압
- 진공 조건 : 제품 내부 온도가 110～130℃ 도달 시까지 적용

2.1.7 Build up PCB 재료

Build up PCB 재료는 Build up 공법에 관련된 PCB 재료로서 Base resin은 epoxy 수지를 기본으로 한다. 그리고, 그 종류는 크게 어떠한 방식인지에 따라 나눠진다.

1) RCC(일반) : Vacuum press 방식

① RCC를 이용한 MLB 제조 공법(Build up 공정)

RCC는 Resin Coating로 수지가 Coating된 Cu foil로 Build up 공정에 사용되는 원자재이다.

- 공정 순서 : 내층 회로 제작 → Set → Vacuum press를 거쳐 MLB를 제조 한다.
- RCC의 특성
  - 굴곡성이 우수하다.
  - 분진 유출이 없다.
  - Low resin flow
  - 빠른 Lamination
  - 뛰어난 성형 특성을 나타낸다.

② 성형 조건(press 조건)

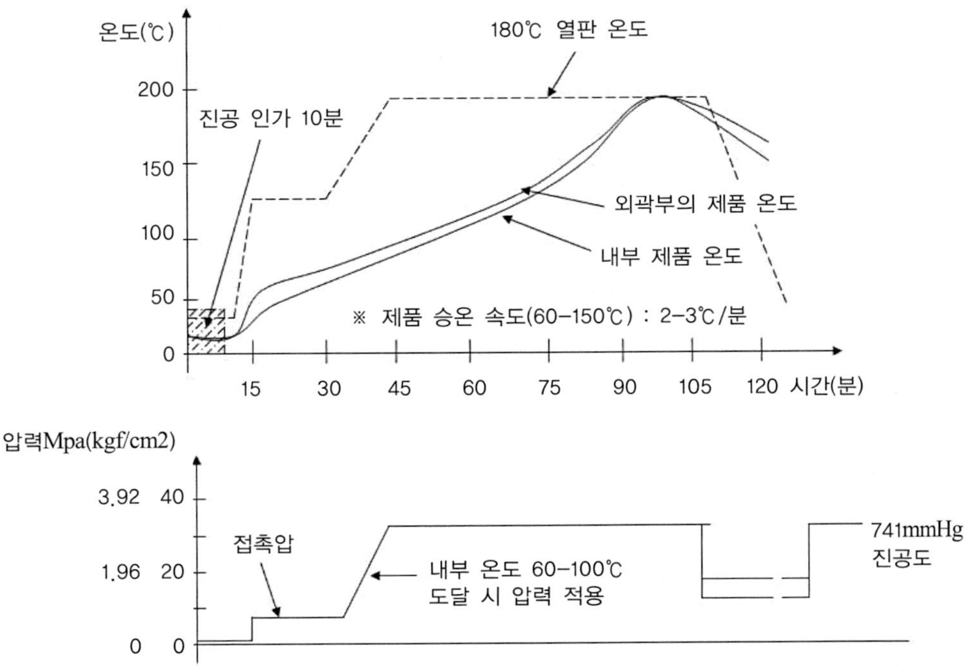

그림 2.20 RCC Press Cycle

※ 주의 사항

- cold start : Hot press 전에 열 판은 50℃ 이하로 냉각이 필요하다.
- 진공 인가는 압력과 온도 적용 전에 완료해야 한다.

③ 재료 성상 & 물성

❙표 2.5❙ RCC 성상/물성표

	항목	단위	
RCC성상	Cu foil 두께	㎛	12.18
	절연 수지 두께	㎛	40~80
	Tg (TMA)	℃	125℃
경화물 물성	열 팽창 계수 α_1 α_2	ppm/℃	60 180
	난연성		V-0

④ RCC 적용된 4층 PCB의 일반 특성 & 신뢰성

- 유전율이 3.6 정도로 일반 FR-4보다 낮다.
- 표면 평활성(최대 요철량)이 FR-4보다 낮다(평활성 우수).
- 층 간 절연성이 1×1012Ω 정도로 FR-4(1×1011Ω)보다 높다.
- 회로 간 절연성이 1×1012Ω 정도로 FR-4(1×1011Ω)보다 높다.
- 층 간격이 65㎛정도로 일반 FR-4(min 100㎛)보다 얇다.

⑤ RCC의 유전율/유전 정접(20℃)

측정 주파수(GHz)	유전율	유전 정접
1	3.11	0.026
2	3.09	0.026
4	3.07	0.024
10	3.06	0.019

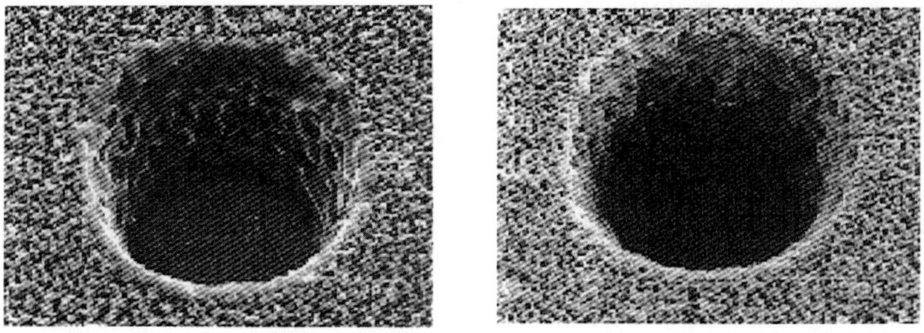

그림 2.21 RCC 적층 후 etching에 의해 Cu foil 제거 후 Laser 드릴 및 Desmear 처리된 Via hole의 사진

2) high Tg RCC

① 재료 성상/물성

- 동박 두께 : 12, 18㎛
- 절연층 두께 : 40～80㎛

② 경화물 물성

- Tg가 175℃(TMA)로 일반 RCC보다 높다.
- 열 팽창 계수가 α일 때 35ppm/℃, α일 때 135ppm/℃로 일반 RCC보다 낮다.
- peel strength는 일반 RCC와 거의 동일하다.
- 도금 후 peel strength는 1.0KN/m(20㎛) 정도이다.
- 영률(Young's modulus)은 4,600N/mm^2 정도이다.
- 인장 강도는 85N/mm^2 정도이다.
- 파단 신장율은 2.4% 정도이다.
- 체적 저항율은 3.7×1015Ω · ㎝ 정도이다.
- 층 간 내전압은 2KV 이상으로 일반 RCC와 거의 동일하다.

③ 유전율 & 유전 정접

처리 조건	주파수(GHz)	유전율	유전 정접
일반적	1	3.3	0.017
	2	3.3	0.018
	10	3.3	0.018
250℃, 30분	1	3.2	0.013
	2	3.2	0.014
	10	3.2	0.015

④ 열 적용 시 탄성률

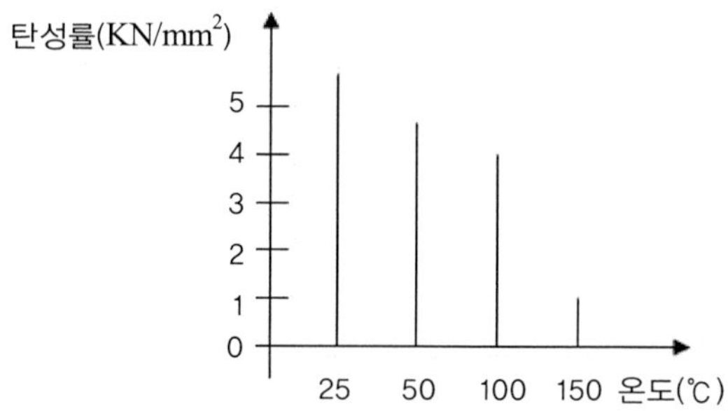

❙그림 2.22❙ 열 적용 시 탄성률

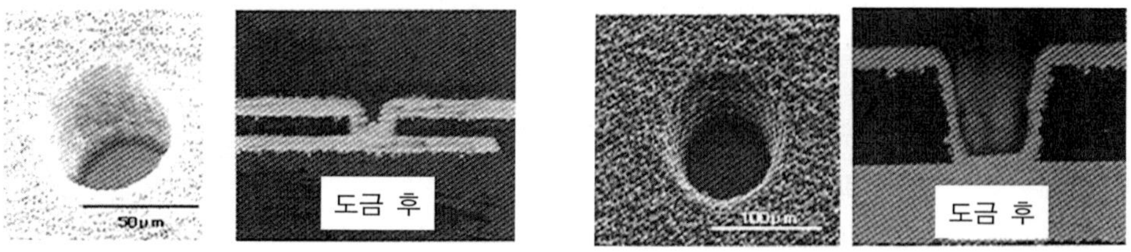

❙그림 2.23❙ high Tg RCC 적층 후 etching에 의해 Cu foil이 제거된 후 Laser 드릴 된 Via hole 및 동도금 후의 Via hole 모습 사진

⑤ 열 적용 시 Cu foil의 peel strength 영향

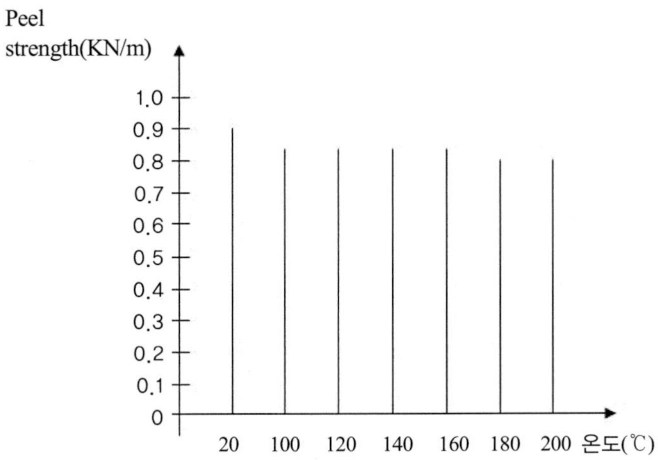

[그림 2.24] 열 적용 시 Cu foil peel strength

3) halogen free RCC

① 재료 성상

- 동박 두께 : 12, 18㎛
- 절연 층 두께 : 40～80㎛

② 경화물 물성

- Tg가 160℃ 정도로 일반 RCC보다 높다.
- 열팽창 계수가 α_1일 때 40ppm/℃, α_2일 때 140ppm/℃ 정도로 일반 RCC보다 낮다.
- peel strength가 일반 RCC, high Tg RCC보다 높다(18㎛).
- 도금(20㎛) 후 peel strength는 high Tg RCC와 거의 동일하다.
- Young률은 4200N/mm 정도이다.
- 인장 강도는 high Tg RCC보다 높다(약 95N/mm^2).
- 파단 신장률은 4.2% 정도로 high Tg RCC보다 높다.
- 체적 저항률은 high Tg RCC와 거의 동일하다.

③ 유전율, 유전 정접

처리 조건	주파수(GHz)	유전율	유전 정접
일반적	1	3.2	0.014
	2	3.2	0.016
	10	3.1	0.014
250℃, 30분	1	3.1	0.012
	2	3.1	0.011
	10	3.1	0.010

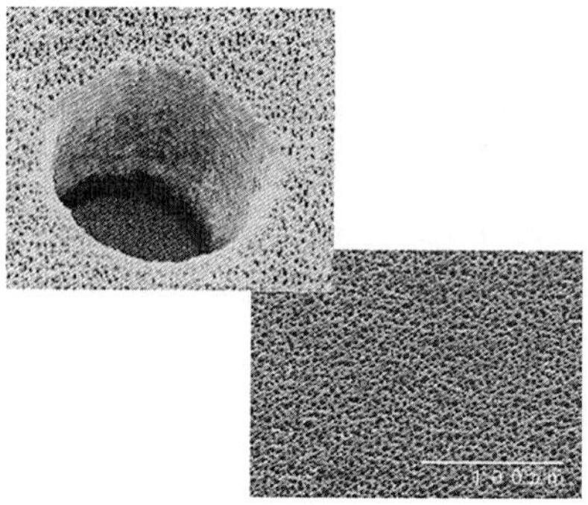

▌그림 2.25▐ halogen free RCC 적층 후 etching 하여 Cu foil을 제거한 상태에서 Laser 드릴 및 Desmear 처리를 한 후의 Via hole 모습 사진

④ halogen free RCC의 적층 추천 조

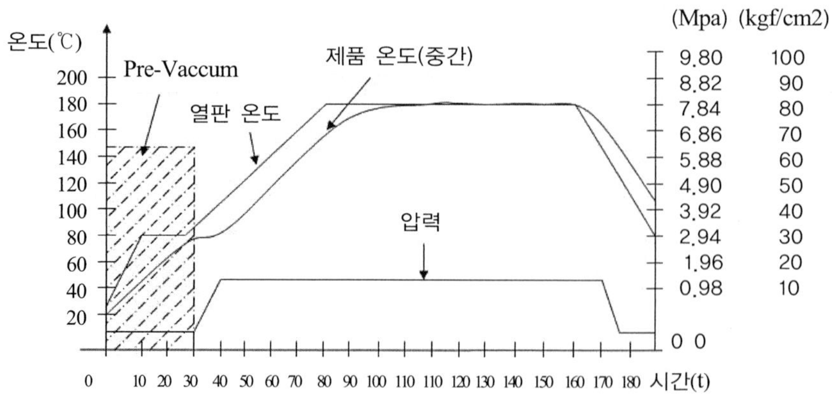

▌그림 2.26▐ halogen free RCC Press Cycle

3) RCC(Roll Lamination 방식)

① Build up process

내층 회로 형성 → Silk Sreen 방식에 의한 기판 전면 인쇄
(undercoat 절연체 ; 점도 약 20 poise)
→ U.V 건조 → RCC roll Lamination(roll 온도 ; 90～100℃, 속도 ; 0.5～2.0m/분, 압력 ; 2～4kgf/㎠)
→ 열 경화(100℃, 15분+120℃, 15분+150℃, 15분)
→ 적층판 완성 → 외층 공정과 동일하게 진행

② 용도

- Laser Via Build up 다층 기판
- 초박판 다층 기판

③ 재료 성상, 물성

【표 2.6】 Roll Lamination RCC 성상/물성

	항목	단위	물성
under coat 수지 복합물	성상		무용제 paste
	Type		2액성 (수지+경화제)
	점도(25℃)	poise	25
경화물물성	Tg(TMA)	℃	155
	열 팽창 계수 α_1 α_2	ppm/℃	55 135
	난연성		V-0
RCC 성상	성상		roll
	동박 두께	㎛	18
	절연층 두께	㎛	40
경화물 물성	Tg(TMA)	℃	125
	열 팽창 계수 α_1 α_2	ppm/℃	60 160

④ 4층 MLB 적용 시 일반 특성 및 신뢰성

- 유전율이 일반 FR-4보다 낮다. (약 3.6)
- 유전 정접은 일반 FR-4와 거의 동일하다(1MHz적용 시).
- 층간 두께가 일반 FR-4보다 얇다(약 65㎛).

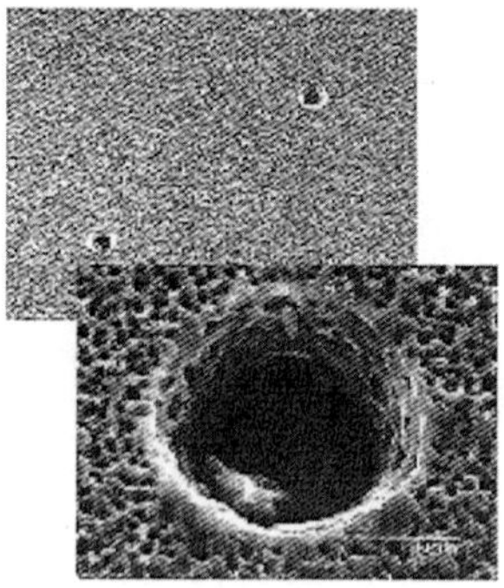

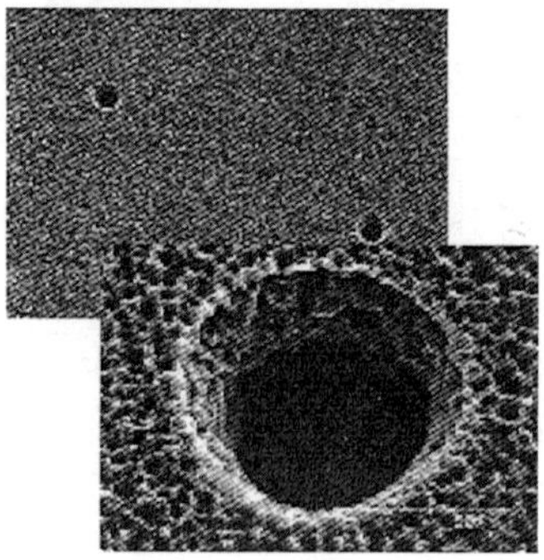

▌그림 2.27▌ Roll type의 RCC 적용 후 etching 후 Laser 드릴 및 Desmear 처리 후 Via hole 사진

⑤ Roll Type RCC의 유전율 & 유전 정접(20℃)

측정 주파수(GHz)	유전율	유전 정접
1	3.15	0.029
2	3.14	0.028
4	3.11	0.027
10	3.07	0.021

⑥ Desmear 처리 조건별 peel strength 비교

디스미어 처리 조건	동박 조도 사용	광택수 지면(표면 연마)
5분	1.1KN/m	0.6KN/m
7분	1.1KN/m	0.8KN/m
10분	1.2KN/m	1.0KN/m
10분×2회	1.3KN/m	1.0KN/m
10분×3회	1.3KN/m	1.0KN/m

2.2 Epoxy resin CCL (양/단면용)

여기서는 에폭시 수지의 CCL 중 양면, 단면용 저가의 CCL인 CEM-3 CCL에 대해서 그 특성과 물성들에 대해서 알아본다.

2.2.1 에폭시 수지 CCL의 일반 특성 비교

표 2.7 CEM-3 및 FR-4 특성 비교표

시험 항목	단위	처리 조건	FR-4	CEM-3
솔더 내열성	초	260℃	120 이상	120 이상
peel strength (35㎛ Cu foil)	KN/m (kgf/cm)	A	2.0	2.0
		S-260℃, 20초	2.0	2.0
		E-1/125	1.2	1.2
굴곡 강도 Lengthwise	N/mm^2 (kgf/mm^2)	A	539(55)	421(43)
굴곡 강도 Crosswise			470(48)	314(32)
체적 저항률	Ω · cm	C-96/20/65	1×1015	1×1015
Cu foil 제거면 표면 저항	Ω	C-96/20/65	1×1014	1×1014
적층판 면의 표면 저항	Ω	C-96/20/65	1×1014	1×1014
절연 저항	Ω	C-96/20/65	1×1013	1×1013
유전율(1MHz)		C-96/20/65	4.5	4.5
유전 정접(1MHz)		C-96/20/65	0.018	0.020
내약품성		3%NaOH,40% 3분	변화 없음	변화 없음
흡수율	%	E-24/50+D-24/23	0.09	0.09
UL		난연성	94V-0	94V-0
조성		기재(Base)	glass fabric	glass fabric/ Non woven glass fabric
		수지(resin)	epoxy	epoxy

2.2.2 기타 특성 비교도

▮표 2.8▮ 기타 특성 비교표

시험 항목		FR-4	CEM-3
Young률 (N/mm^2)	종(L)	25,300	13,500
	횡(C)	21,900	12,200
poisson률	종(L)	0.20	0.26
	횡(C)	0.17	0.23
착화 온도(℃)		605~611	586~592
타발 저항(N/mm^2)		115~120	100~105
인발 저항(N/mm^2)		32~40	35~40
열 팽창 계수 (ppm/℃)	종(L)	1.3	2.0
	횡(C)	1.4	2.4

2.2.3 CEM-3의 특징

1) 특징

- 전기 도통 홀 신뢰성이 FR-4와 거의 동일하다.
- Punching성, V-cut 가공성이 양호, fine pattern 형성이 가능하다.
- 부품 실장 및 배선 가공 시 위치 정밀도가 양호하다.

2) Technical data

① Through hole 신뢰성

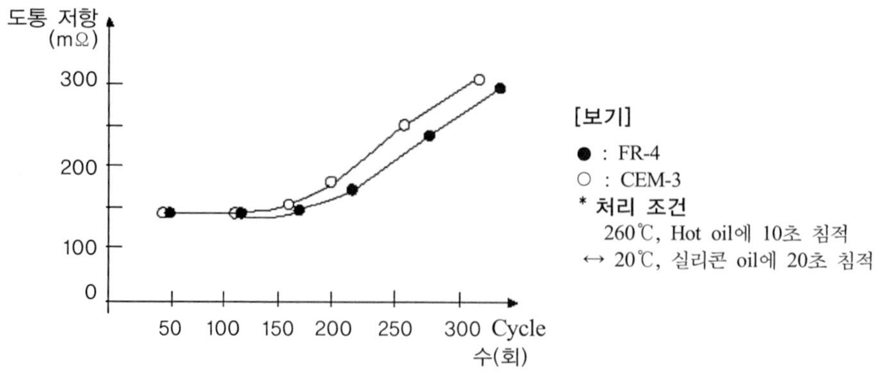

▮그림 2.28▮ CEM-3의 Through hole 신뢰성

위 그림 2.28에서 보면 CEM-3의 Through hole 신뢰성이 FR-4와 비교했을 때 큰 차이가 없을 정도로 안정적인 것을 알 수 있다.

② creep resistance(내 creep(변형)성)

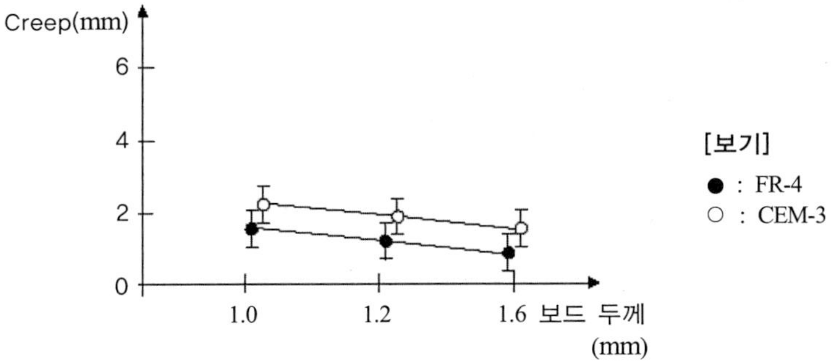

▎그림 2.29 ▎ CEM-3의 내 변형성

위 그림 2.29에서 내 변형성 그래프를 보면 CEM-3가 FR-4에 비해 약간 변형성이 높지만 큰 차이가 나는 것은 아니다. 또한, 보드 두께가 얇을수록 변형성이 높은 것을 알 수 있다.

③ Tg ; 150℃(점탄성법)

④ 내 Tracking 특성 CEM-3
  - IEC법(내 Tracking성)

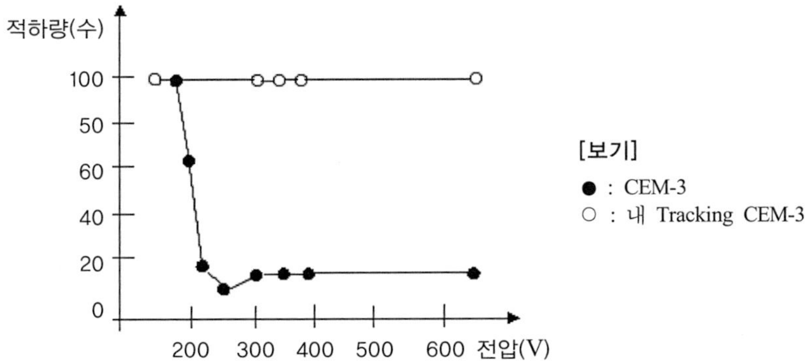

▎그림 2.30 ▎ 내 Tracking 특성 CEM-3 특성 곡선

위 그림 2.30에서 보듯이 내 Tracking성 CEM-3가 일반 CEM-3보다 내 Tracking 성이 현저히 우수한 것을 알 수 있다.

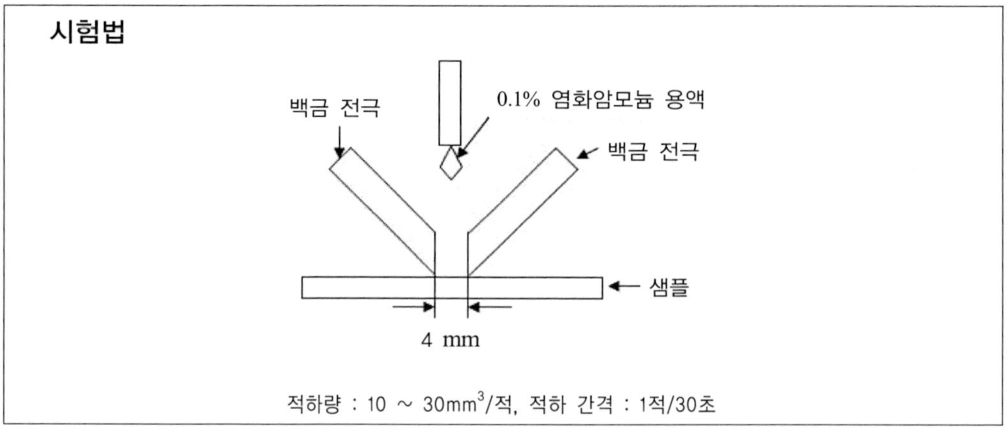

❙그림 2.31❙ 내 Tracking성 시험법

⑤ U.V 차폐 CEM-3 특성

- 자외선(U.V) 차폐 특성

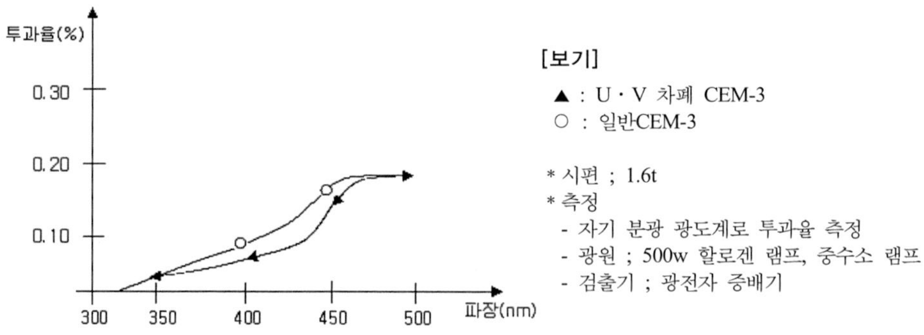

❙그림 2.32❙ U.V 차폐 CEM-3 특성 곡선

위 그림 2.32에서 보면 U.V 차폐 CEM-3 기판이 동일 조건에서 일반 CEM-3보다 투과율이 적게 나타남으로써 이면 노광에 대한 불량을 줄일 수 있음을 알 수 있다.

표 2.9 양면 동시 노광성

광원 / Solder resist	metal halide	초고압 수은
알카리 현상 type	○	○
용제 현상 type	○	○

판정 기준 : 현상 후 이면에 resist 잔사(미노광 부위)가 없어야 한다.

가공 조건 : - 전면 etching으로 절연체 노출

- S/R 막 두께 ; 15~20㎛
- 노광기 ; 초고압 수은등 ~5Kw × 2정, 메탈할라이드등~7Kw × 2정
- 노광량 ; 800mJ/cm^2
- S/R ; Taiyo ink

⑥ Halogen free CEM-3 특성

- halogen/antimony 함유량

표 2.10 halogen free CEM-3와 일반 CEM-3의 halogen 함유량 비교표

성분	halogen free CEM-3	일반 CEM-3
Br	0.09% 이하	약 5%
Cl	0.05% 이하	0.01% 이하
Sb	검출 안 됨	검출 안 됨

- 일반적인 특성

표 2.11 halogen free CEM-3 일반 특성 (1.6t, 35/35㎛ Cu)

항목	처리	단위	H·f CEM-3	일반 CEM-3
UL 난연성	A		97V-0	94V-0
내 Tracking성(IEC)	A	V	600	200
솔더 내열성(260℃)	PCT-0.5	초	120초 이상	120초 이상
Peel strength	A	KN/m	1.7	2.0
굴곡 강도(횡방향)	A	N/mm^2	314	314
흡수율	E-24/50+D -24/23	%	0.09	0.09

▌표 2.11▌ halogen free CEM-3 일반 특성(계속) (1.6t, 35/35㎛ Cu)

항목	처리	단위	H·f CEM-3	일반 CEM-3
유전율(1MHz)	A	–	4.5	4.5
	D-24/23		4.6	4.6
유전 정접(1MHz)	A	–	0.020	0.020
	D-24/23		0.022	0.022
절연 저항	C-96/20/65	Ω	1×1013	1×1013
	D-2/100		1×1012	1×1012
체적 저항률	C-96/35/90	Ω·cm	1×1014	1×1014
	D-96/40/90		5×1014	5×1014

- IEC법 내 Tracking성

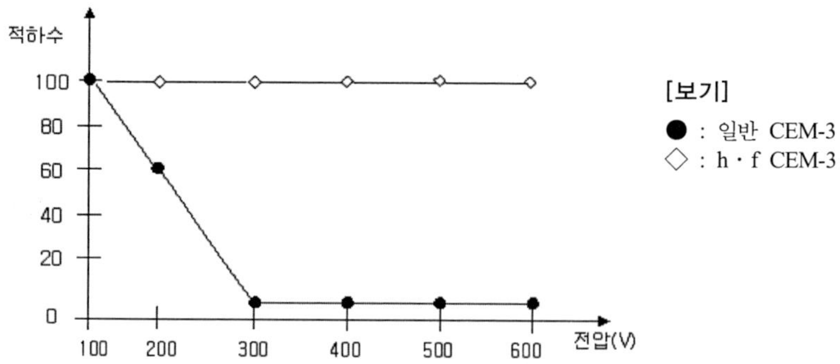

▌그림 2.33▌ halogen free CEM-3의 내 Tracking성

2.3 페놀 수지 CCL

여기에서는 주로 단면 PCB에 많이 적용되는 페놀 수지 CCL에 대해서 알아본다.

2.3.1 일반적 특성 비교

▌표 2.12▐ 페놀 수지의 일반적 특성 비교표

시험 항목	단위	처리 조건	일반 페놀 (FR-1)	내Tracking 페놀(FR-1)	S·T·H용 페놀(FR-1)	halogen free 페놀(FR-1)	h·f+S.T.H 페놀(FR-1)
솔더 내열성	초	260℃	25	25	50	25	48
peel strength (35㎛Cu foil)	KN/m	A	2.1	2.1	2.1	2.1	2.1
	kgf/cm	S-260, 5초	2.1	2.1	2.1	2.1	2.1
		E-1/105	0.9	0.9	1.0	0.9	1.0
굴곡 강도 횡(L)	N/mm^2 (kgf/mm^2)	A	167	157	160	159	165
굴곡 강도 종(C)			157	147	160	155	160
체적 저항률	Ω · cm	C-96/20/65	3×1013	3×1013	6×1013	3×1013	8×1013
		C-96/40/90	5×1012	5×1012	1×1013	5×1012	1×1013
접착 제면 표면 저항	Ω	C-96/20/65	5×1012	5×1012	1×1013	5×1012	1×1013
		C-96/40/90	5×1011	5×1011	5×1011	5×1011	5×1011
절연 저항	Ω	C-96/20/65	5×1012	5×1012	5×1012	5×1012	5×1012
		D-2/100	1×109	1×109	2×1010	1×109	2×1010
적층판 면 표면 저항	Ω	C-96/20/65	2×1012	2×1012	1×1012	2×1012	-
		C-96/40/90	6×109	6×109	1×1010	5×109	-
유전율(1MHz)	-	C-96/20/65	4.5	4.5	4.6	4.7	4.6
		D-24/23	4.8	4.8	4.7	4.9	4.7
		D-48/50	5.3	5.2	5.0	5.3	5.0
유전 정접(1MHz)	-	C-96/20/65	0.038	0.038	0.036	0.038	0.036
		D-24/23	0.040	0.041	0.039	0.040	0.039
		D-48/50	0.053	0.052	0.040	0.052	0.040
내 약품성	-	3%NaOH,40℃, 3분	변화×	변화×	변화×	변화×	변화×
흡수율	%	E-24/50+D-24 /23	0.93	0.93	0.65	1.00	0.65
UL		난연성	94V-0	94V-0	94V-0	94V-0	94V-0
조성		기재(Base)	paper	paper	paper	paper	paper
		수지(Resin)	페놀	페놀	페놀	페놀	페놀
타발 온도	℃	-	60-100	60-100	60-100	60-100	60-100

2.3.2 기타 특성 비교

▌표 2.13▐ 기타 특성 비교표

시험 항목		일반 페놀	내 Track 페놀	S.T.H용 페놀	h.f 페놀	S.T.H+H.f페놀
Young's율 (N/mm^2)	횡(L)	9.000	9.000	9.400	9.000	9.400
	종(C)	7.200	7.300	7.900	7.100	7.900
poisson's율	횡(L)	0.36	0.37	0.38	0.38	0.38
	종(C)	0.28	0.29	0.33	0.27	0.33
착화 온도(℃)		493~499	493~499	493~499	493~499	493~499
타발 저항(N/mm^2)		72.0	75.0	80.2	72.0	80.2
인발 저항(N/mm^2)		18.9	18.2	21.4	18.5	21.4
열 팽창 계수 (ppm/℃)	횡(L)	1.52	1.48	1.52	1.50	1.52
	종(C)	2.14	2.10	2.24	2.08	2.24

2.3.3 Technical data

1) 일반 페놀 기판

① 제조 공정 시 휨 영향

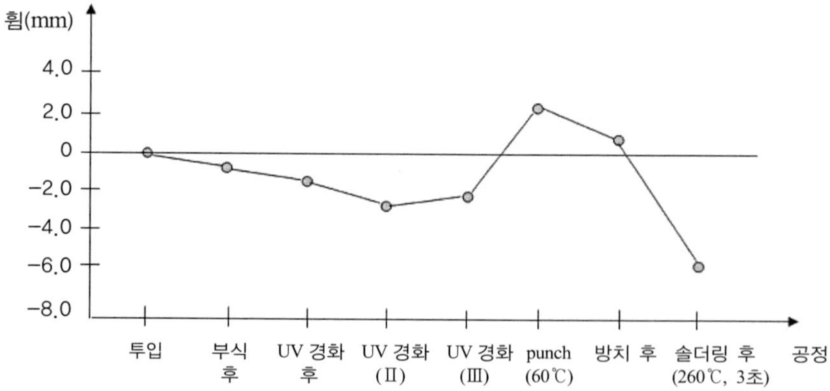

▌그림 2.34▐ 페놀 수지 기판의 공정별 휨 곡선

위 그림 2.34에서 보듯 열이 주어졌을 때와 punching 등의 가공 시에 심하게 휨을 보이는 부분이 발생하는 것으로 나타났다. 따라서, 이와 관련된 공정 제어 관리를 잘 해 준다면 휨 불량을 상당히 줄일 수 있을 것이다.

② chip 부품의 U.V 경화 및 Soldering 후 휨 영향

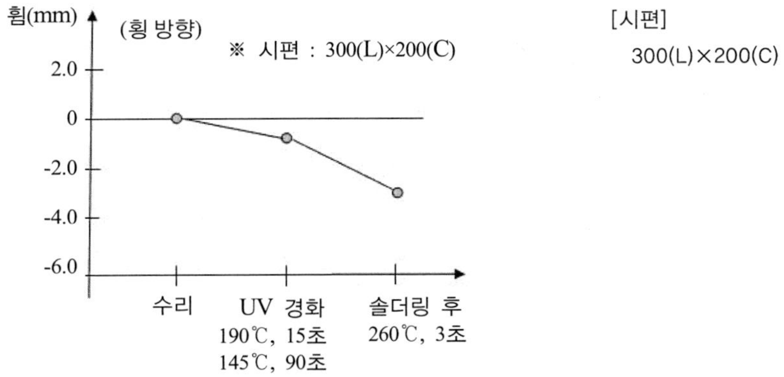

그림 2.35 부품 탑재 후 U.V 경화 및 Soldering 후 휨 곡선

그림 2.35에서 보듯 기판의 횡 방향 및 종 방향 모두에서 U.V 경화와 솔더링 후에 방향의 휨이 발생한 것을 알 수 있다.

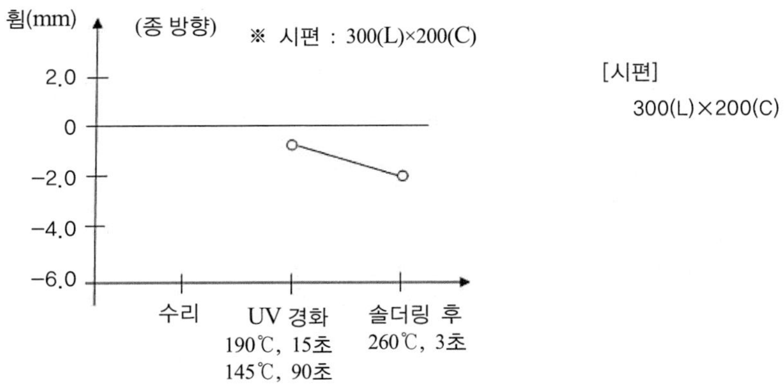

그림 2.36 타발 저항 곡선

③ 타발성

- 타발 가공 온도 범위가 넓고, 고밀도 punching의 품질이 우수하며, 치수 안정성이 우수하다.
- 타발 시 기판 표면 온도는 56℃～100℃로 유지하는 것이 좋다.

④ 인발 저항/타발 저항

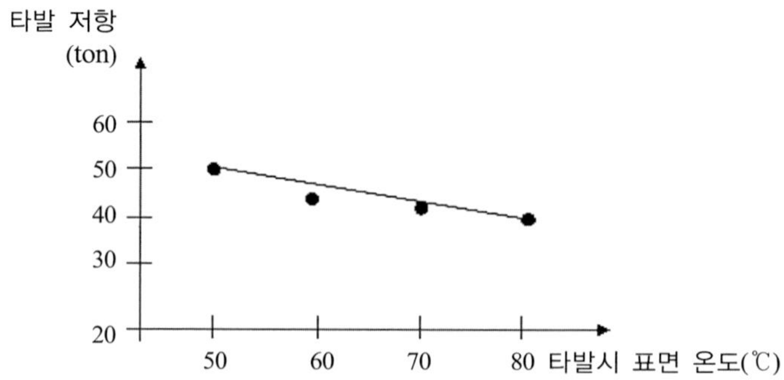

【그림 2.37】 타발 저항 곡선

[조건]

- 시편 사이즈 : 200X300(mm)
- 홀수 : 1,800holes, clearance 0.1mm

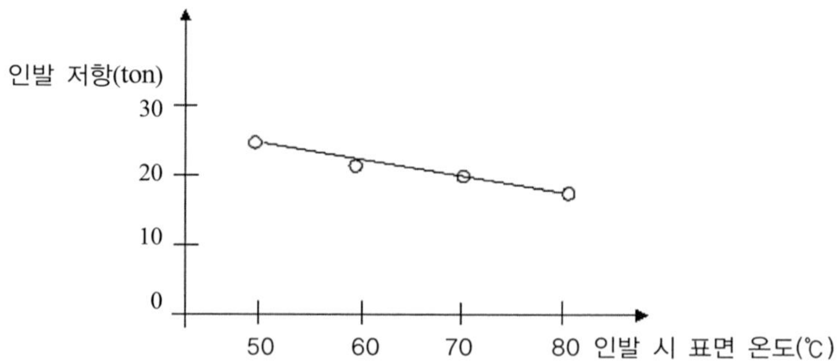

【그림 2.38】 인발 저항 곡선

위 그림 2.37, 2.38에서 보면 기판의 표면 온도가 올라감에 따라 타발이든 인발이든 가공 시 소요되는 저항은 감소하고 있다. 즉, 가공 시 적절히 기판을 Curing 하여 가공하는 이유가 여기에 있는 것이다.

⑤ 타발 후 홀 Ø축소

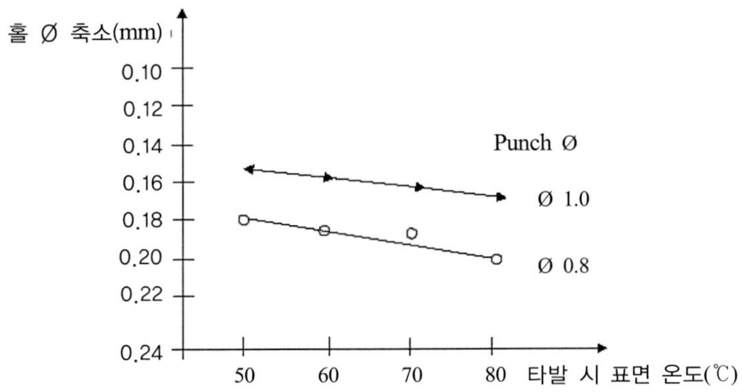

▌그림 2.39▐ 타발 후 홀 Φ 축소 곡선

그림 2.39 곡선은 타발 가공 시 홀 Φ 축소 곡선으로 여기서 우리는 타발 시 기판 온도에 따라 홀 Φ 축소율이 온도에 비례하여 상승하는 것을 알 수 있다. 이것은 기판 온도가 높아짐에 따라 기판이 연질화 되어 동일 Φ 가공 시 쉽게 타발되면서 가공성이 좋아진다는 것이다.

2) 내 Tracking 성 페놀 수지

일반 페놀 수지보다 Tracking 파괴성을 높인 것으로 현재 많이 사용되고 있다.

① IEC법 내 Tracking성

- 백금 전극법

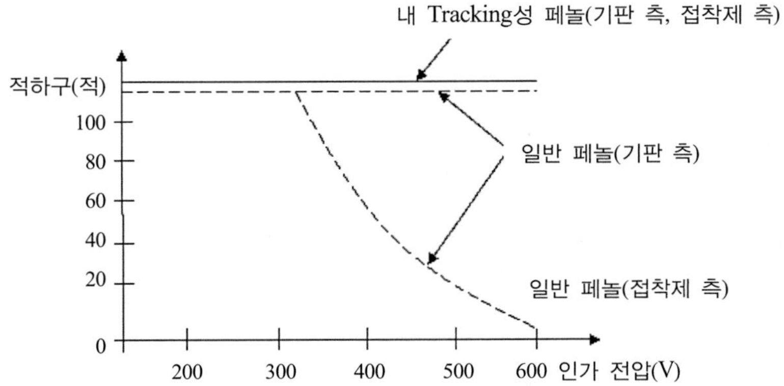

▌그림 2.40▐ 백금 전극법에 의해 내 Tracking성 비교 곡선

- 황동 전극법

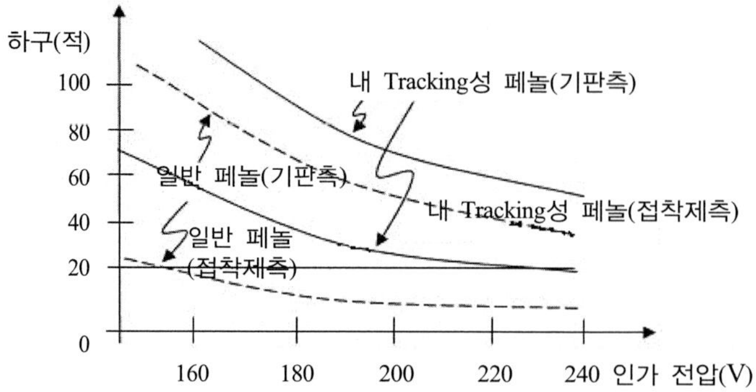

▌그림 2.41▐ 황동 전극법에 의한 내 Tracking성 비교 곡선

② 실제 회로법

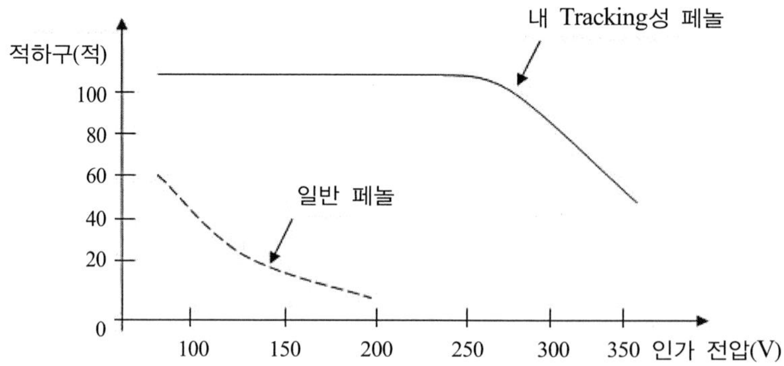

▌그림 2.42▐ 실제 회로법에 의한 내 Tracking성 비교 곡선

※ 시험 방법

- 적하액 ; 0.1% NH4CL
- 적하량 ; 10-30mg/적
- 적하 간격 ; 1적/30sec
- 전극 ; 동 회로 1mm폭
- 전극 간격 ; 2.0mm
- 단락 전류 ; 1A

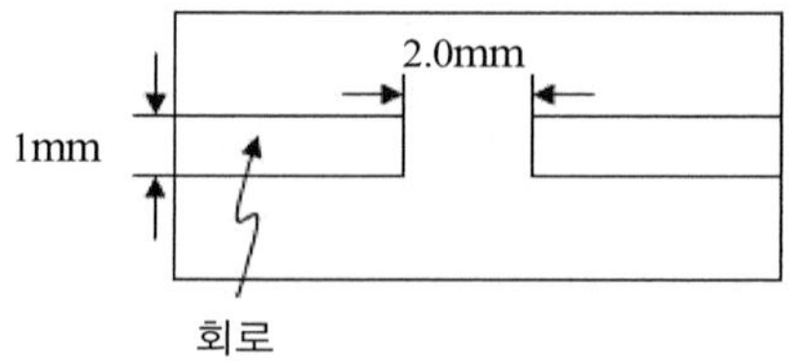

위 그림 2.40, 2.41, 2.42에서 보듯이 내 Tracking성 페놀 수지가 일반 페놀 수지보다 모두 내 Tracking성이 우수한 것을 알 수 있다.

3) S.T.H용 페놀 수지

페놀 수지 CCL 중에는 S.T.H(Silver Through hole)용 페놀 수지가 별도로 있는데, 그 특성은 다음과 같다.

① 고밀도 S.T.H 용도에 최적

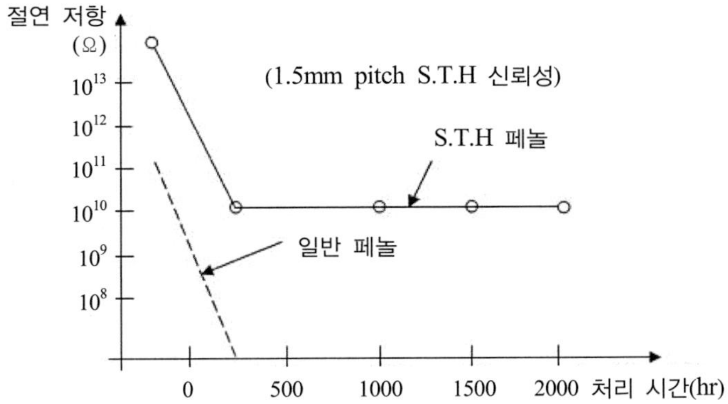

[조건] - 온·습도 조건 : 40℃, 90~95%RH
- 인가 전압 : 50V
- Land 간격 : 0.3mm

그림 2.43 S.T.H용 페놀 수지와 일반 페놀 수지의 절연 저항 비교표

그림 2.43은 환경 실험으로 온·습도 조건에서 시간 경과에 따라 다른 절연 저항을 측정한 것으로, S.T.H 페놀 수지가 일반 페놀 수지에 비해 절연 저항 치수가 안정적인 것을 알 수 있다.

② 수지 특성

▌표 2.13▌ S·T·H용 페놀 수지 특성 비교표

항목 \ 종류			S.T.H 페놀	일반 페놀
절연 저항	D-2/100	Ω	3×1011	4×108
	D-8/100	Ω	1×1010	7×107
PCT-8시간 (121℃, 2기압)	절연 저항	Ω	2×107	2×107
	흡수율	%	2.5	4.5
	보드 두께 팽윤	%	2.7	4.9
PCT 용출량	Na+ 이온	ppm	30	150
	Cl-이온	ppm	50	200

4) halogen free 페놀 수지

① 일반 특성

- 내 Tracking성 ; pt 전극 시험법에서 600V+CTI 정도 된다.
- 공정간 휨 정도

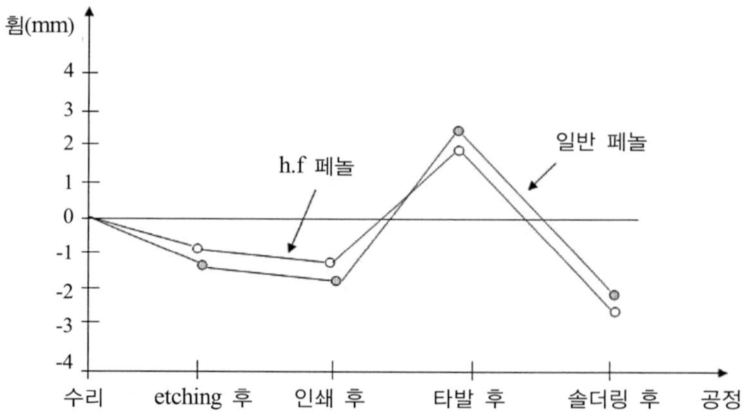

▌그림 2.44▌ halogen free 페놀 수지의 공정별 휨 곡선

그림 2.44에서 보듯 halogen free 페놀 수지가 일반 페놀 수지보다 휨의 정도가 적은 것을 알 수 있다.

5) halogen free+S.T.H용 페놀 수지

① 고밀도 S.T.H 용도

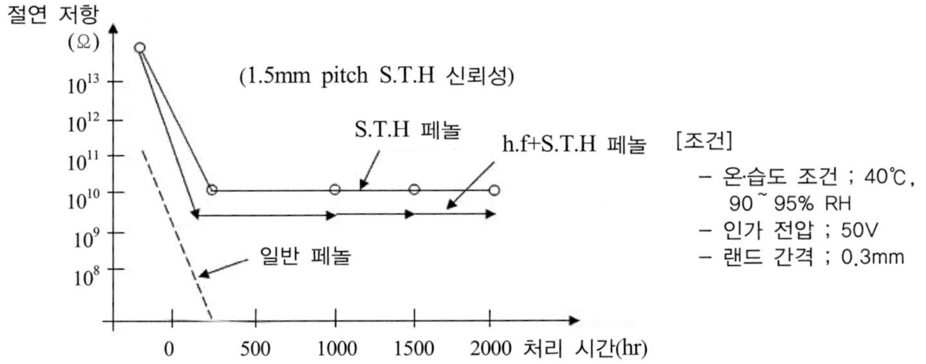

▌그림 2.44▐ 절연 저항 비교도

그림 2.44에서 보듯 halogen free + S.T.H용 페놀 수지의 처리 시간 변화에 따른 절연 저항 변화치는 일반 페놀 수지와 S.T.H 페놀 수지 사이에서 형성됨을 알 수 있다.

Chapter 3

Cu foil

Cu foil은 CCL에 덮혀 있는 도체 금속으로 PCB의 회로를 형성하는 Base material로서 여러 금속 중에서 전기 전도성, 가공성 등을 고려하여 Cu foil로 형성되어 있다. 여기서는 Cu foil의 종류, 동박의 발전 방향들에 대해 논하였다.

3.1 전해 동박

3.1.1 전해 동박의 개념

1) 용도 : 인쇄 회로 기판에 형성되는 도선의 재료로 사용된다.

2) 동박의 종류(제조 방법의 분류)

① 압연 동박

- 압연한 동박을 표면 처리하여 사용한 것이다.

② 전해동박

- 전기 도금 방식으로 제조한 동박을 말한다.
- 인쇄 회로 기판용으로서 특성이 우수하다.
- 대부분의 인쇄 회로 기판에서 사용된다.

3.1.2 전해 동박의 제조 방법(제박)

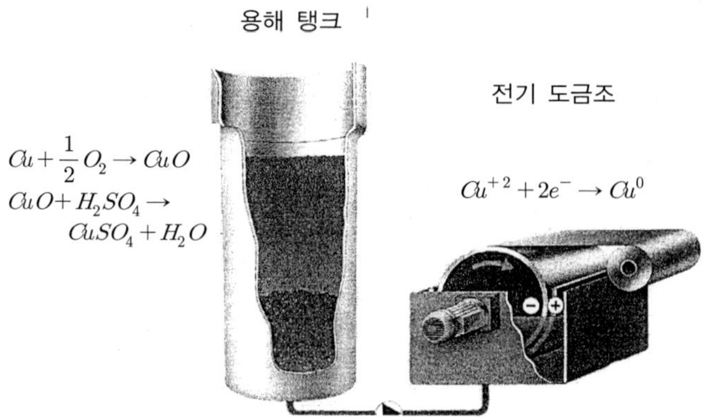

▌그림 3.1▐ 전해동박 제조도

위 그림 3.1에서 보듯이 전해 동박은 전해 동도금을 응용하여 회전하는 원통의 안・밖에 +, − 전류를 흘려서 공급된 Cu 도금액의 산화 ($Cu^{\circ} \rightarrow Cu^{2+}+2e^-$)와 환원($Cu^{2+}+2e^- \rightarrow Cu^{\circ}$)의 연속적인 화학 반응에 의해 원통에 Cu°가 석출되면서 Cu foil을 두께별로 생산하는 원리임을 알 수 있다.

3.1.3 제박 공정의 관리 항목

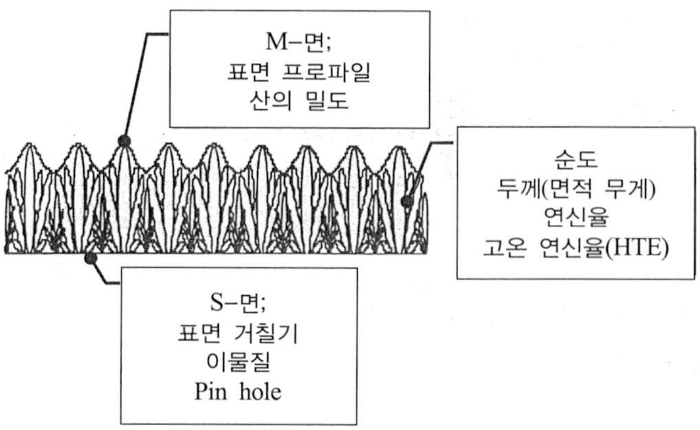

▌그림 3.2▐ 전해 동박의 단면 구조 및 관리 항목

그림 3.2에서 M면(matte면)은 표면의 거칠기, 산의 밀도 등이, S면(shiny면)은 표면 거칠기, 이물질 유・무, pin hole 유・무 등이 중요한 관리 항목으로 관리되어야 한다. Cu의 물성적인 측면은 순도, 두께(㎛), 인장 강도, 연신율(elongation) 특히, 고온 연신율 등이 주요 품질 관리 항목이다.

3.1.4 전해 동박의 제조 방법(표면 처리)

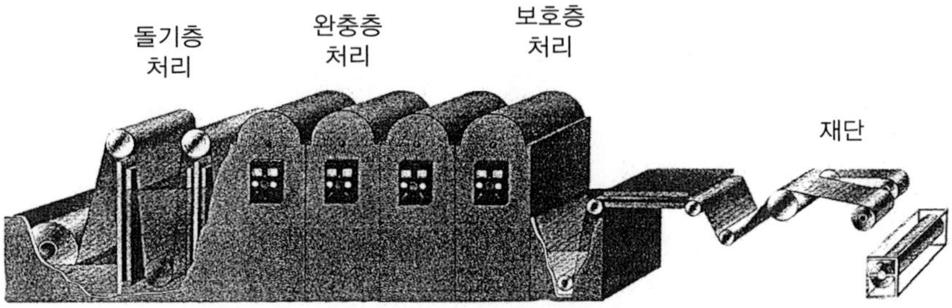

▌그림 3.3▐ 전해 동박 제조 공정

1) 각 표면 처리 공정의 역할

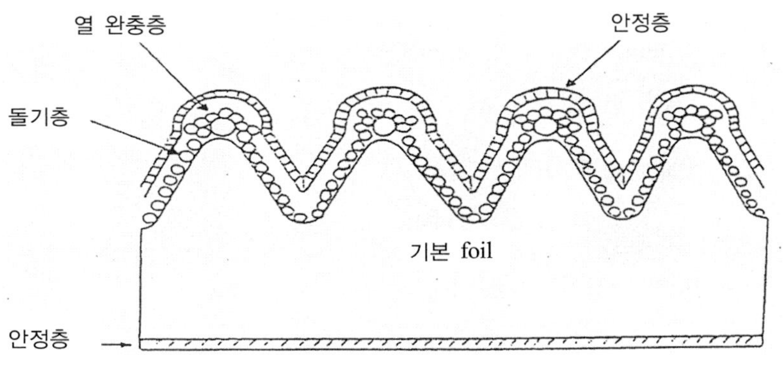

▌그림 3.4▐ 전해 동박 표면 처리 단면도

① Nodule Layer(돌 층)

pre-preg(Bonding Sheet)와 적층 시 기계적 접착력을 유지/강화시키는 역할을 한다.

② Thermal Barrier Layer(열 완충층)

적층 시 받게 되는 열 쇼크 방지와 고온 적용 시 안정성을 증대시키며, Cu 이온의 확산을 방지하는 역할을 한다.

③ Stabilizer Layer(안정층)

pre-preg와의 접착력 강화 및 이송, 보관 중에 발생할 수 있는 산화 방지, 고온 열 press(적층) 시에 열 변색을 근본적으로 방지하는 역할을 한다.

3.1.5 전해 동박의 분류 방법

1) IPC 분류 (동박 물성 기준)

① Class1 : Standand Copper foil(STD)
- 표준 Cu foil

② Class2 : high ductility Copper foil(HD)
- 고연신율 Cu foil

③ Class3 : high temperature elongation(HTE)
- 고온 연신율 Cu foil

2) 표면 거칠기 (profile)에 따른 분류

① LP : Low profile foil
- matte면 거칠기가 max 10.2㎛ 이하인 Cu foil

② VLP : very low profile foil
- matte면 거칠기가 max 5.1㎛ 이하인 Cu foil

3.2 Cu foil의 기술 발전 동향

3.2.1 동박의 슬림(slim)화

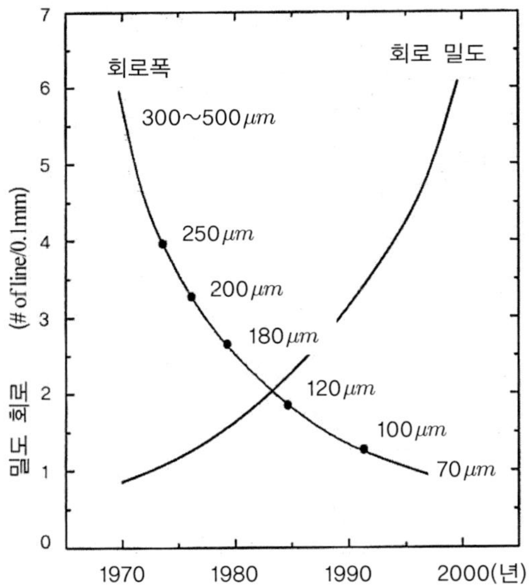

▌그림 3.5▐ PCB 회로폭의 변화도

위 그림 3.5에서 보듯이 PCB의 회로폭은 2000년에 들어와서 100㎛ 이하로 얇아지는 추세이며, 이를 달성하기 위해서 Cu foil의 Slim화는 당연시 되고 있다. 즉, 더 얇은 Cu foil이 필요하여 현재 12㎛ 두께의 Cu foil의 수요가 증가하고 있으며, 금후 1㎛ 두께의 극박 동박(UTC : ultra Thin Copper foil)의 도래를 앞두고 있는 실정이다.

▌표 3.1▐ 인쇄 회로 기판 구성의 기술 추이

기판 구성	현재 양산 기술	현재 첨단 기술	현재 기술 한계
회로폭	127	76	50
동박 두께	17	9	5

3.2.2 동박 슬림화의 목적

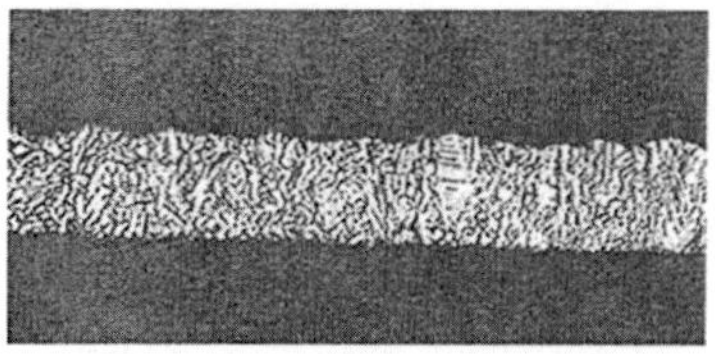

35μm 두꺼운 지지층 없는 Cu foil

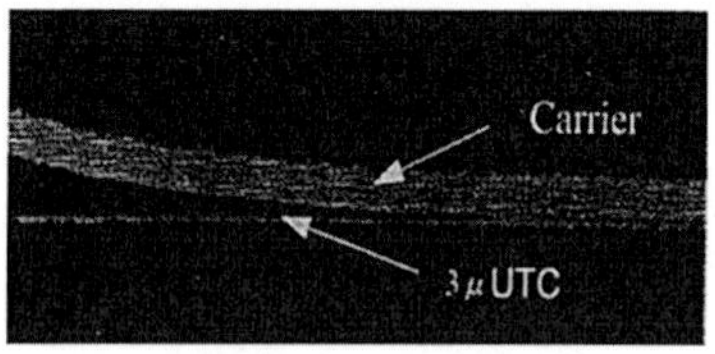

70μm 두꺼운 알루미늄 foil로 지지되어 있는 3μm의 얇은 동박

- 회로 밀도 증대
- 에칭 펙터 향상
  - 회로폭 감소 설계 가능
- 에칭 속도 향상
  - 생산성 증대
- 회로 신뢰도 향상

1) PCB의 회로 밀도가 증대함에 따른 회로폭이 감소하고 있다.
2) fine pattern의 회로폭을 달성하기 위해 etch factor가 향상되어야 한다.
3) under Cut을 줄이기 위해서는 에칭 속도가 빨라져야 한다.(생산성 증대)
4) etch factor가 좋아지고 under Cut이 줄어듬으로써 회로의 신뢰성이 향상된다.

3.2.3 동박 슬림화의 배경

1) 에칭 모델 방정식

Wg : 레지스트 간격
a : 단경/ b : 장경(에칭 깊이)
s : 측면 에칭 길이
k : b/s

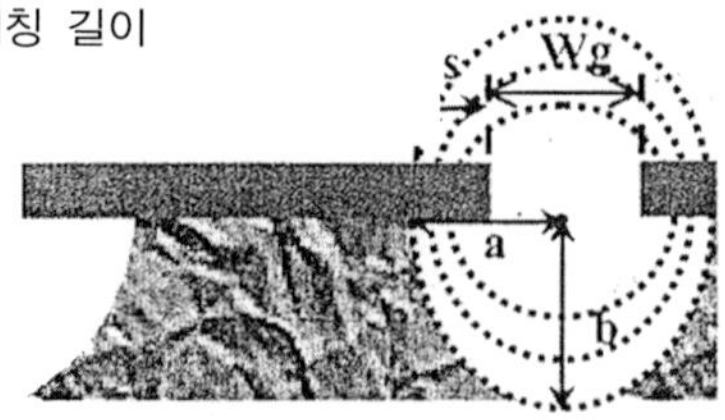

에칭 모델 방정식
(Etching model equation)

$$\frac{X^2}{a^2}+\frac{y^2}{k^2[a-W_g/2]^2}=1$$

▌그림 3.6▐ 에칭 모델 방정식

2) 시뮬레이션 실험 결과 비교

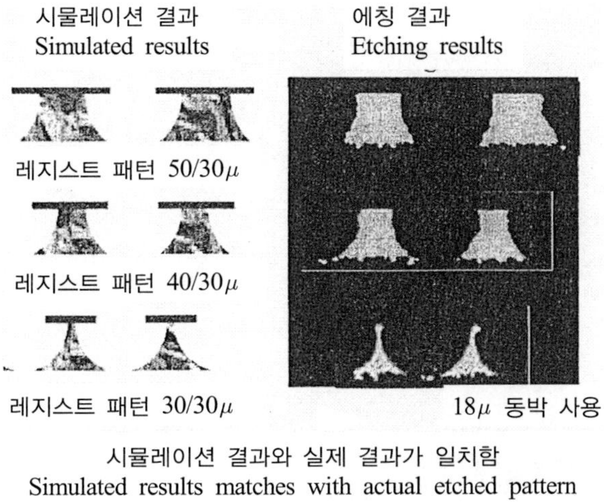

▌그림 3.7▐ 에칭 시뮬레이션 실험 결과

에칭 시뮬레이션 실험 결과에서 보면 18㎛두께의 Cu foil을 적용하여 50㎛, 40㎛, 30㎛ 회로폭의 에칭 결과 회로폭이 얇아짐에 따라 etching 후 회로폭이 현저히 감소하는 현상을 시뮬레이션 및 실제 에칭 결과 얻을 수 있었다. 즉, 근본적으로 18㎛ Cu foil로써 50㎛/30㎛ 이하의 회로폭 재현은 어렵다는 것을 알 수 있다.

3) pattern pitch와 허용되는 Cu의 두께와의 관계

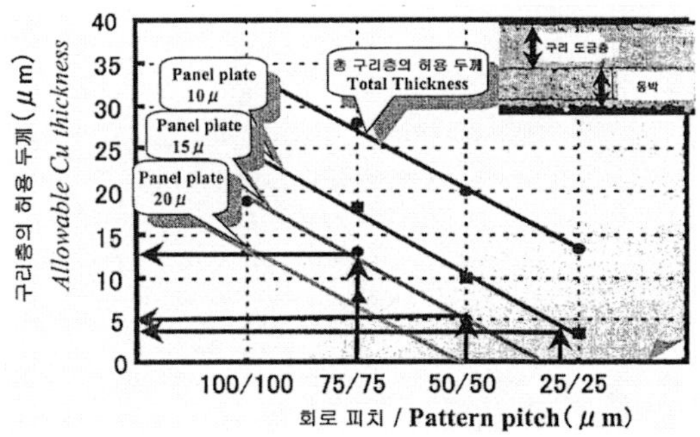

L/S ㎛	동박 허용 두께 (Allowable Cu foil thickness)
75/75	≦12㎛ (Panel plating 15μ)
50/50	≦5㎛ (Panel plating 15μ)
30/30	≦3㎛ (Panel plating 10μ)

▌그림 3.8▐ 회로 피치와 Cu 허용 두께와의 관계도

위 관계도에서 보듯이 Base Cu의 두께는 내층 회로 제작에 있어서 크게 문제가 안 되지만, 외층 회로 제작에 있어서는 전해 동도금 (전기 동도금)의 변수까지 고려하여 사전에 선정이 되어야만 원하는 fine pattern을 얻을 수 있다는 것을 알 수 있다.

3.2.4 극박 동박(ultra Thin Cu foil)

구조

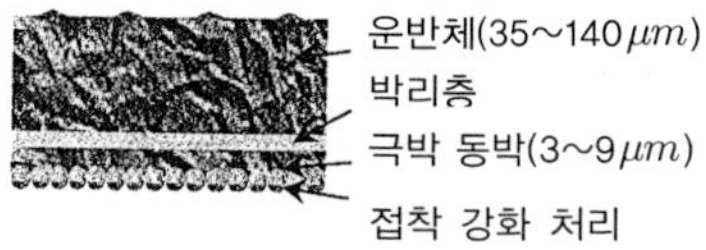

- 운반체(Carrier)
  - 동
  - 알루미늄

Cross section

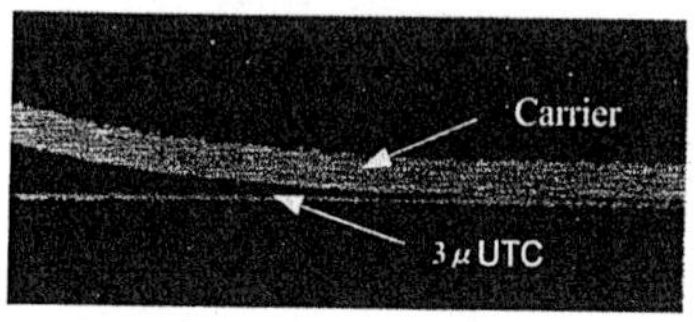

- 박리층(Release layer)
  - 크롬
  - 무기물 코팅(황화물 등)
  - 유기물 코팅

▌그림 3.9▐ 극박 동박의 구조

위 그림 3.9에서 보면 실제 극박 동박(UTC)은 3~9㎛ 두께의 Cu foil로 취급, 이동 보관 시 용이하게 하기 위해서 Carrier 층(주로 Copper 또는 Al으로 35~140㎛)과 Carrier와 UTC 경계면에 release 층을 형성하여, 실제 Lay-up 및 적층 시에 쉽게 벗겨낼 수 있는 구조로 되어 있다.

이 release 층은 주로 Cr, 무기물(황산 등), 유기물로 구성되어 있다. 특이할 만한 것은 UTC의 matte 면에는 Bonding력을 증가시킬 수 있는 접착 강화처리가 되어 있어 강력한 Bonding이 가능토록 되어 있다는 것이다.

3.2.5 처리 면에 따른 etch factor의 변화

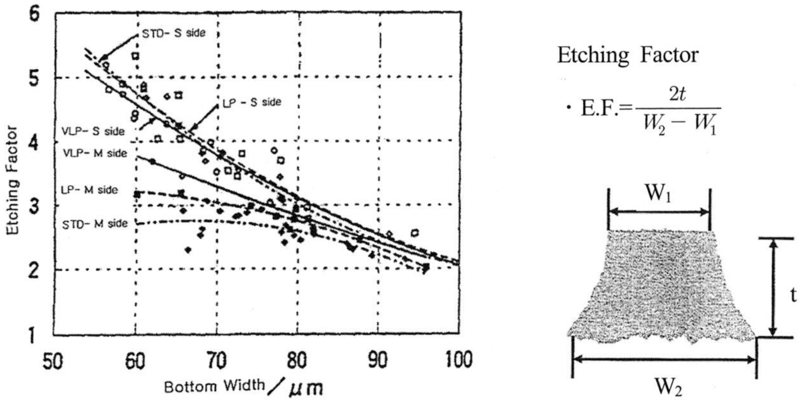

▌그림 3.10▐ 처리 면에 따른 etch factor 변화

위 그림 3.10에서 보면 같은 동박이라고 하더라도 matte 면과 shinny 면의 etch factor가 다름을 알 수 있고, 일반적으로 shinny 면의 etch factor가 matte 면보다 높음을 알 수 있다. 이것은 matte 면의 profile이 크면 클수록 fine pattern 형성에 취약하다는 것을 의미한다. 그래서 다음 소개하는 reverse Treat Cu foil이 나오게 된 것이다.

3.2.6 RT(Reverse Treat) Cu foil

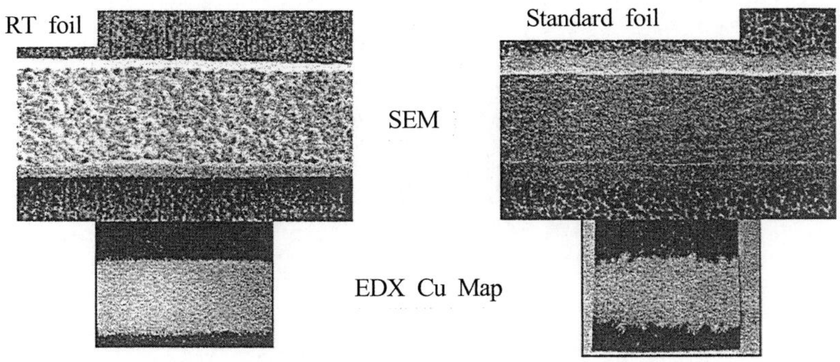

▌그림 3.11▐ RT와 일반 Cu foil의 회로 형성 모습

위 사진에서 보면 RT Cu foil은 낮은 profile의 Bonding 면 덕분에 일반 Cu foil과 etching 후 회로 아래 부분을 비교해 본 결과 현저한 차이를 보이고 있다.

이것은 fine pattern 형성에서 중요한 인자로 작용하며 아울러 고주파 회로에 대응한 Impedance Control 부분에 있어서 중요한 변수로 작용한다. RT의 fine pattern의 유리함을 알 수 있는 data이다.

3.2.7 CCL 절연 기판 소재의 변화

1) 회로 및 기판의 신뢰성 강화

① 이를 위해 high Tg pre-preg 사용이 증대하고 있다.

② polyimide(PI), Unsaturated Polyester(UPE), Polyphenylene, Ether (PPE), Polyphenylene oxide(PPO) 등의 다양한 소재 사용이 증가하고 있다.

2) 새로운 기판 소재의 특징에 따른 Cu foil의 대응

① 동박과의 낮은 접착성을 강화시키기 위한 기계적 접착력을 강화시켜야 한다.

② 접착력 강화를 위한 새로운 화학적 처리가 필요하다.

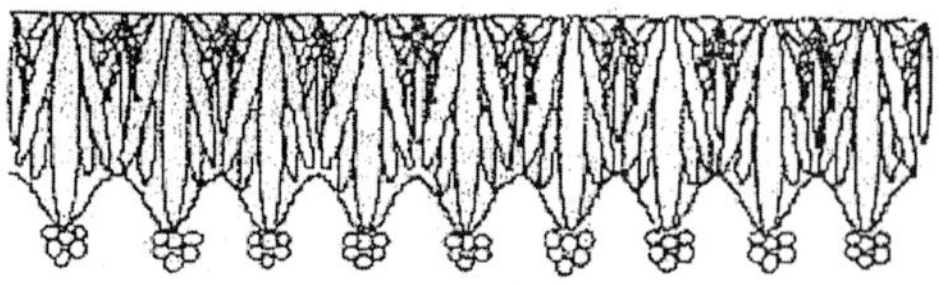

기존의 표면 처리

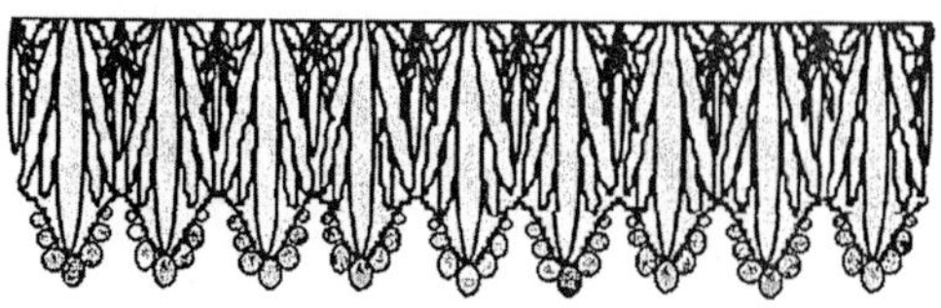

강화된 표면 처리

【그림 3.12】 강화된 표면 처리 개념도

위 그림 3.12에서 보듯이 기존 Cu foil보다 nodule의 강화가 필요하다. 즉, nodule 부착량을 증대하여 접착력을 강화해야 한다. 그런데 이것은 Low profile(RT 개념의 fine pattern 달성)에 역 효과를 가져올 수도 있다. 또한, nodule의 크기를 증대시키거나 수량을 증대하여 강화하거나, Base foil의 Peak 아래 부분까지 nodule을 처리해 주는 방법 등 다각적 접근이 필요하다.

Chapter 4

Dry film (D/F)

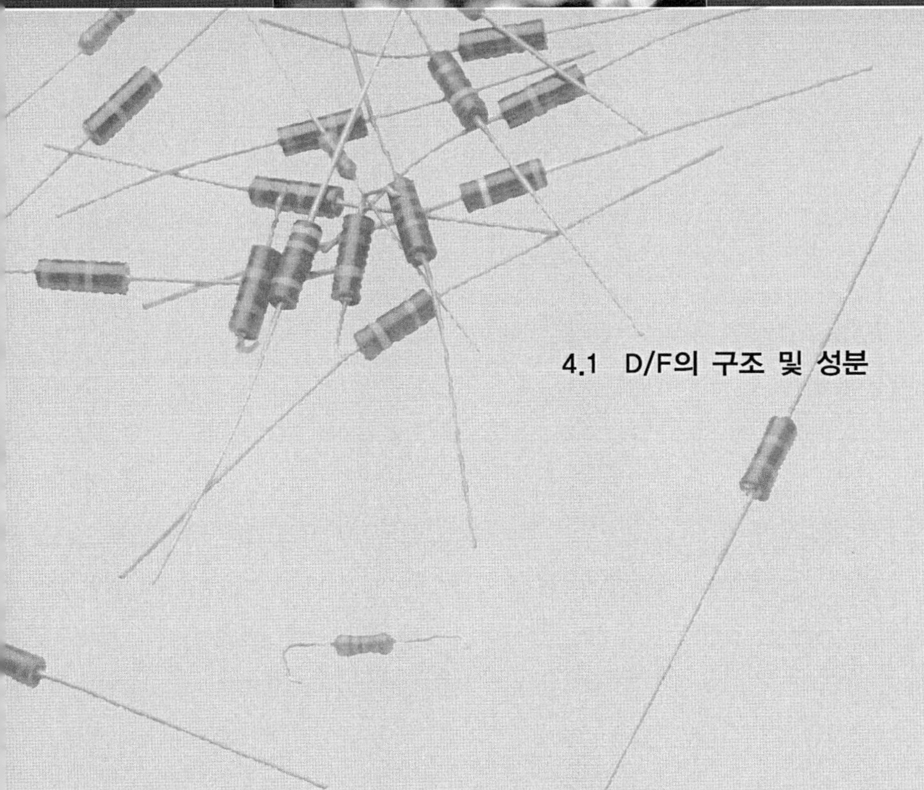

이 장에서는 PCB의 회로 형성 주 재료인 D/F에 대해서 알아보도록 한다.

4.1 D/F의 구조 및 성분

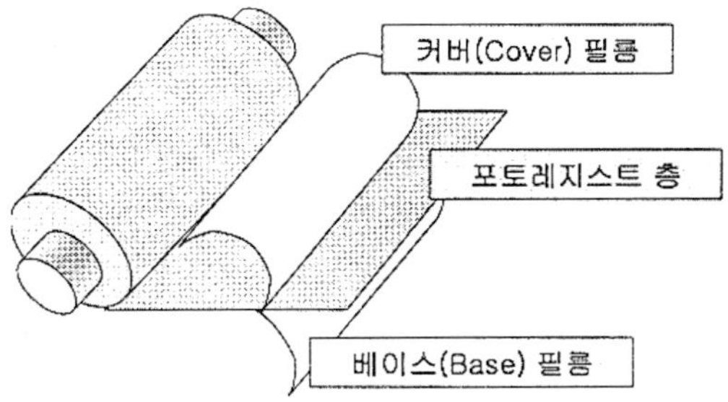

그림 4.1 D/F의 구조

표 4.1 D/F 구성 성분 및 기능

구성 성분	기능	주성분
고분자 결합제 (Binder Polymer)	막형성분, 현상/박리성, 밀착성, 내약품성, 텐팅성	아크릴산계 선상 공 중합체
광 중합 개시제	광 경화 속도, 감소, 광경화 Profile	자외선 감응형 광개시제 시스템
광 중합성 단량체	광 경화성, 내약품성, 텐팅성	아크릴산계 다관능성 당량체 및 올리그머
기타 첨가제	베이스색, 발색, 공정 안정성	용매,염료,열중 합금제, 가소제

4.1.1 고분자 결합제의 구조 및 역할

1) 고분자 결합제의 구조

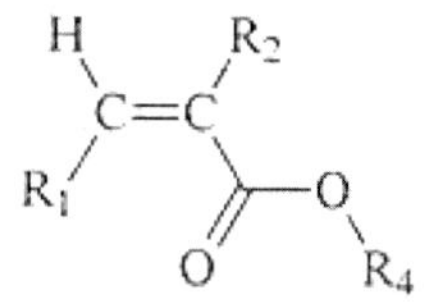

아크릴 산의 구조

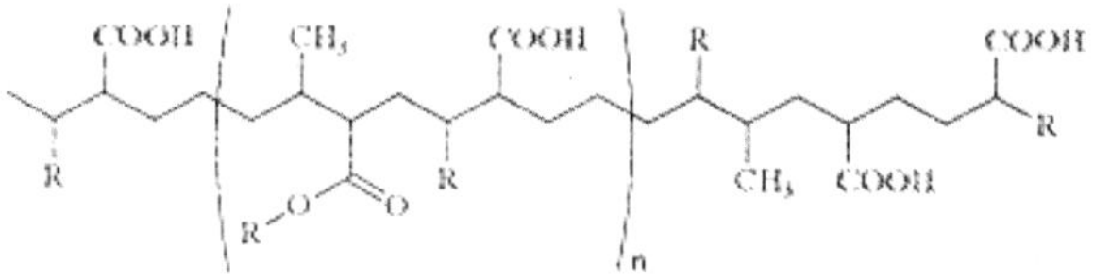

2) 고분자 결합제의 역할

① D/F의 현상 원리에 중요한 성분으로 작용한다.

$Na_2CO_3 \leftrightarrow Na^+ + NaCO^{3-}$

$NaCO^{3-} + H_2O \leftrightarrow NaHCO_3 + OH^-$

$NaHCO_3 \leftrightarrow Na^+ + HCO^{3-}$

$HCO^{3-} + H_2O \leftrightarrow H_2CO_3 + OH^-$

$DFR\_COOH + OH^- \leftrightarrow DFR\_COO^-Na^+ + H_2O$

② D/F의 박리 원리에도 중요 성분으로 작용한다.

$Na_2OH \leftrightarrow Na^+ + OH-$

$DFR\_COOH + OH^- \leftrightarrow DFR\_COO\text{-}Na^+ + H_2O$

③ 동 밀착력에 관련되어 있다.

④ D/F의 추종성 및 텐팅성과 관련되어 있다.

4.1.2 광 중합성 단량체의 구조 및 역활

1) 광 중합성 단량체의 구조

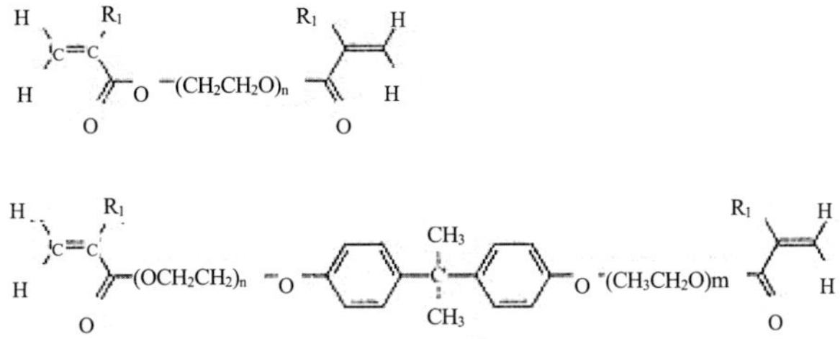

2) 광 중합성 단량체의 역할

① D/F의 약품성에 중요한 역할을 담당하고 있다.

② D/F의 반응성에 관련되어 있다.

③ D/F의 텐팅성과도 관련되어 있다.

④ 동과의 밀착력에 밀접한 관련이 있다.

3) 광 중합성 단량체의 광 경화 원리

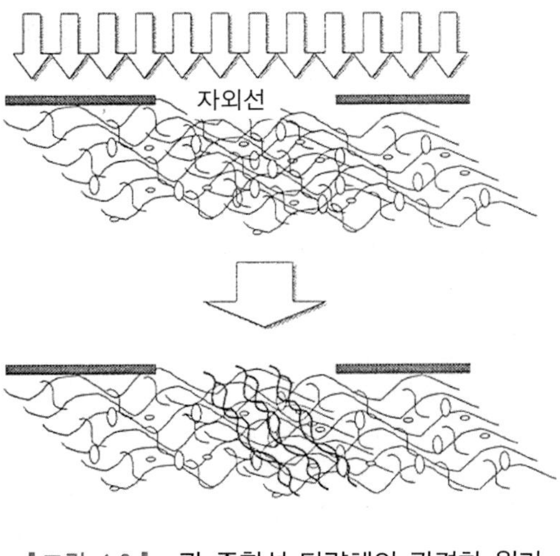

▌그림 4.2▐ 광 중합성 단량체의 광경화 원리

4.1.3 광 중합성 개시제 및 첨가제들의 구조 및 역활

1) 광 중합성 개시제 및 첨가제의 구조

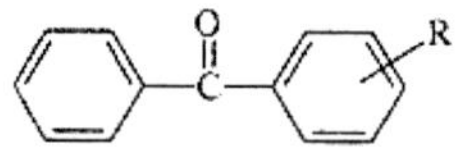

광중합 개시제

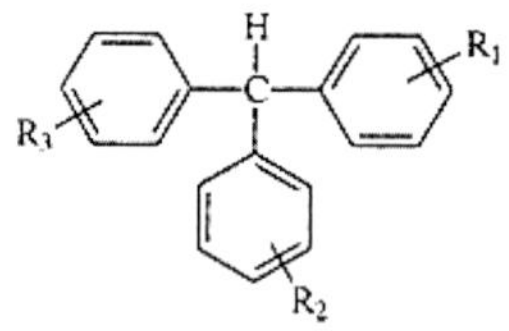

발색제

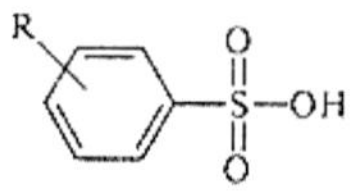

안정제

2) 광 중합 개시제 및 첨가제들의 역할

① D/F의 반응성, 즉 Step의 단수와 관련이 있다.: 광 중합 개시제

② D/F의 단면모양을 결정한다.: 광 중합 개시제

③ 노광시 D/F의 색상을 결정한다.: 발색제

④ 공정 진행 시 안정제 역할을 한다.: 안정제

3) 광 중합 개시제의 광 중합 원리

PI(Photo Initiator) $\rightarrow$ 2R		개시
2R + M $\rightarrow$ R_1		
R_1 + M $\rightarrow$ R_2		성장
R_n + M $\rightarrow$ R_{n+1}		
R_n + R_m $\rightarrow$ P_{n+m}		정지
R_n + R_m $\rightarrow$ P_n + P_m		

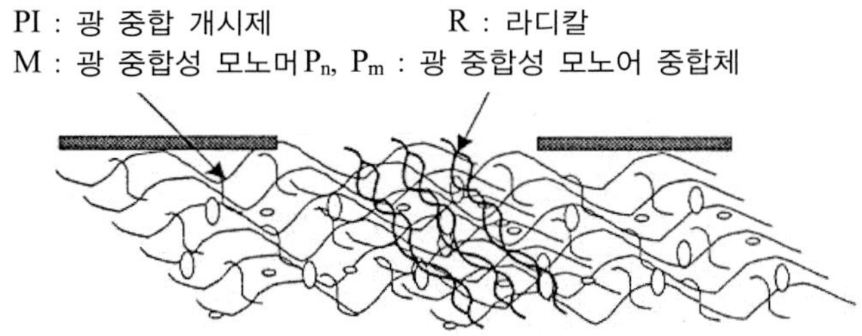

【그림 4.3】 광 중합 개시제의 광 중합 원리

4.1.4 UV 광원

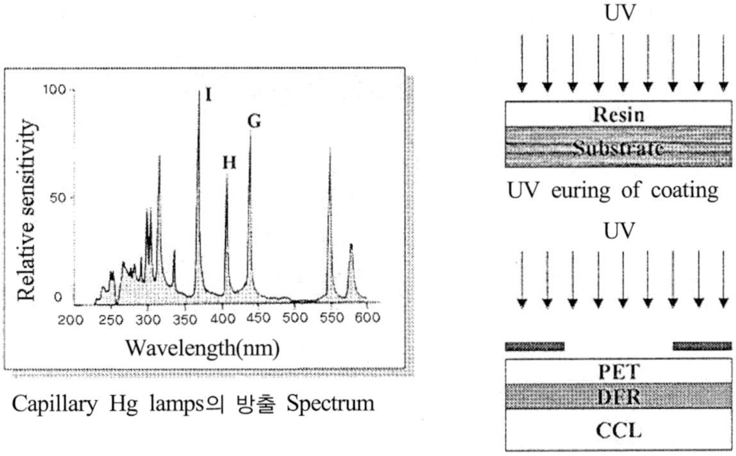

【그림 4.4】 UV 광원의 파장과 반응도

그림 4.4에서 보면 수은 램프의 UV 광의 파장대는 350nm 파장대에서 가장 반응에 민감하게 거동한다. D/F은 UV에 감광되어 반응하는 그림을 나타내고 있다.

4.1.5 D/F의 UV 스펙트럼

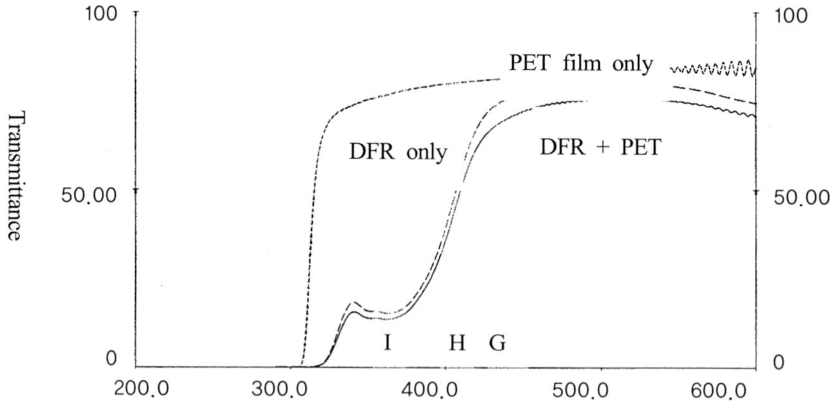

┃그림 4.5┃ UV 광의 투과율

위 그림 4.5에서 보는 바와 같이 PET film(보호 필름)만 투과할 경우 투과율이 좋지만 D/F과 PET film 모두를 투과 시 UV 투과율이 현격히 떨어짐을 알 수 있다.

4.1.6 D/F 제조도

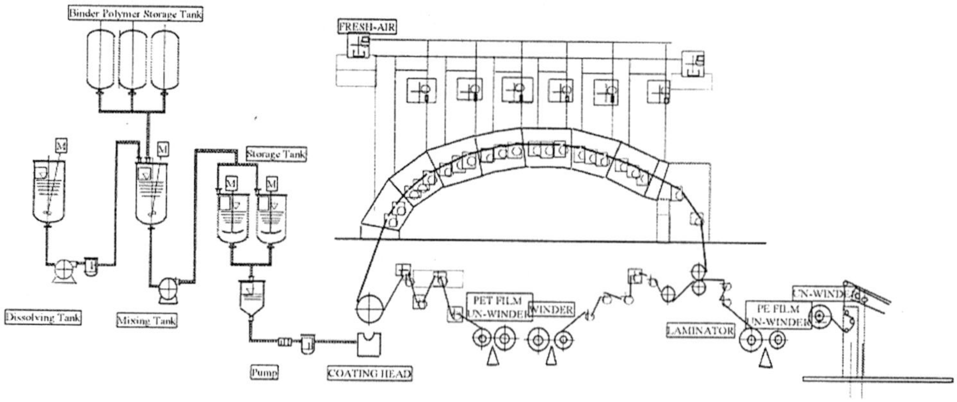

┃그림 4.6┃ D/F 제조도

Chapter 5

Ink

이 장에서는 PCB의 ink에 대해서 알아보도록 한다.

5.1 Resist ink의 분류

Resist ink를 분류하는 방법은 여러 가지가 있으나 크게 기능별과 경화 방식 및 화상 전사 방법에 의하여 구분된다.

5.1.1 기능별 분류

1) 회로 형성용

- 회로 형성 시 사용한다.
- 열 건조형과 UV 경화형으로 구분한다.
- 스크린 인쇄법에 적합하다.
- 부식 및 도금 Resist성으로 나눈다.
- 박리가 잘 되어야 한다.

2) Solder Resist

- 동 회로를 보호할 목적으로 사용된다.
- 부품 납땜 부위만 납땜되어야 한다.
- 특성이 절연 특성, 내열성, 내냉열 충격성, 경도 등이 요구된다.

3) Marking ink

- 문자, 기호, 인쇄용이다.
- 백색, 적색, 흑색, 황색 등으로 다양하다.

5.1.2 경화 방식 / 화상 전사 방법에 의한 분류

1) IR 경화형

- epoxy resin과 amine계 경화제로 구성되어 있다.
- 스크린 인쇄 후 열로 경화를 시킨다.

2) UV 경화형

- epoxy acrylate와 monomer 및 광개 시제로 구성되어 있다.
- 스크린 인쇄 후 UV로 경화를 시킨다.

3) photo image

- UV와 IR 혼합 경화형이 주류이다.

5.2 Ink의 조성

Ink는 수지, 충진제, 안료, 희석제, 경화제, 첨가제로 구성된다.

▌표 5.1▌ Resist 경화 형태별 조성

구 분	I.R	U.V	Photo imaginable	비 고
수지	Epoxy Resin	Epoxy	Modilied Epoxy	내냉열 충격성제
		Acrylate	Acrylate, Epoxy Resin	해상성, 내약품성
충전제	Silica, Talc	Silica, Talc	Silica, Talc	인쇄성, 경도
	Barium Sulfate	Barium Sulfate	Barium Sulfate	내냉열충격성
안료	무기안료	무기안료	무기안료	착색
희석제	유기용제	Monomer	유기용제, Monomer	유동성 조정
경화제	Amine계	광 경화제	Amine계, 광 경화제	생산성, 내약품
첨가제	소포제, 요변제	소포제, 요변제	소포제, 요변제	인쇄성

5.3 제조 공정

Ink의 제조 공정은 일반적으로 다음과 같다.

1) 배합

Ink 성분의 효과적인 wetting이 되게 순차적인 평량 후 연속 교반을 통해 이루어진다.

2) 연육

Ink의 주 원료 입자를 도포 가능한 입자로 균일 분산 및 제조 시 환경 관리를 해 주어야 한다.

3) 숙성

충진제가 액상 조성물에 의해 완전 wetting 되게 방치하는 것을 말한다.

4) 조정

Ink가 인쇄 시 도포 가능한 점도로 조정하는 것을 말한다.

5) 검사

Ink의 규격 검사(점도, 조성 등)를 말한다.

6) 포장

Ink를 규격대로 포장하는 것을 말한다.

5.4 PSR(Photo imagable Solder Resist)

ink에는 여러 종류가 있으나 여기에서는 많으나 PCB 업계에서 가장 많이 사용되는 PSR ink에 대해서 알아본다.

PSR의 공정별 ink의 반응 원리들은 다음과 같다.

5.4.1 ink 도포 및 pre-cure

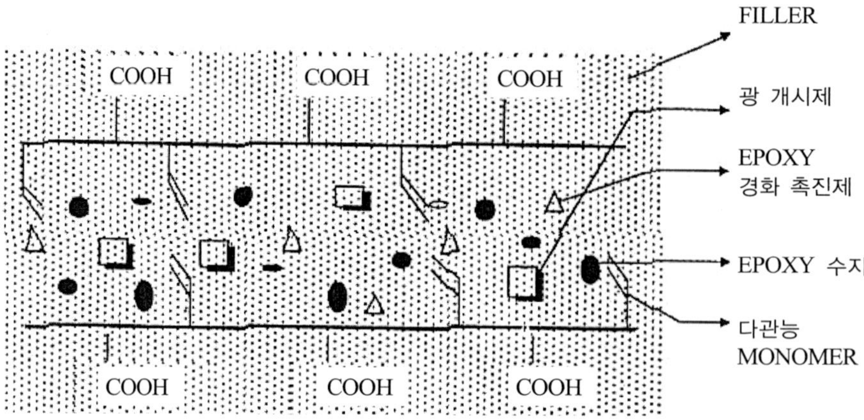

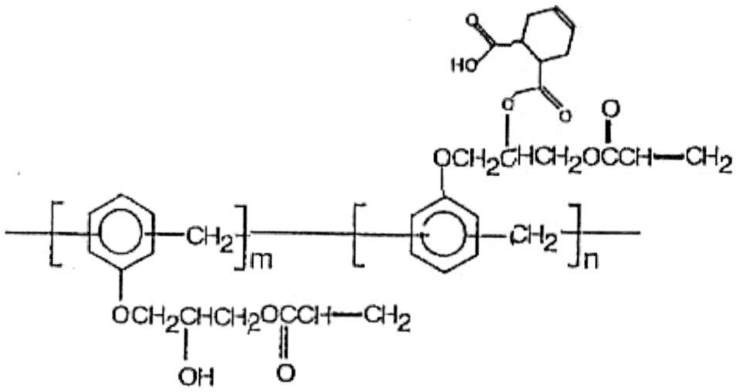

▌그림 5.1▐ PSR의 도포 반응

1) PSR의 주요 성분은 다음과 같다.

① 다관능성 monomer : Dimer, Trimer 등이 있다.

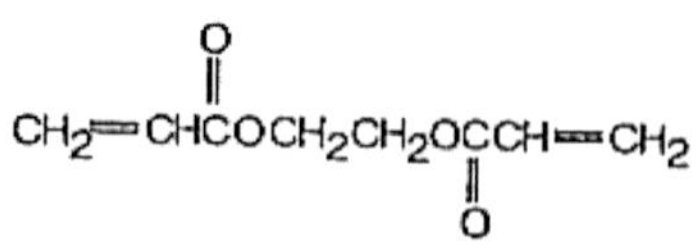

② Epoxy 수지 : EPN 또는 BPA형 epoxy 수지

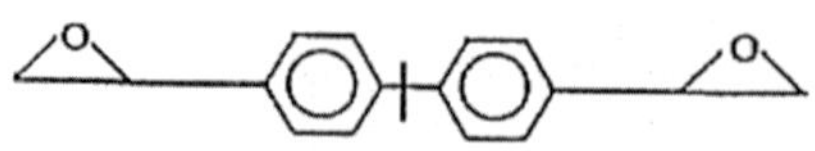

③ Epoxy 경화 촉진제 : 아민 또는 산무수물을 주로 사용한다.

5.4.2 노광

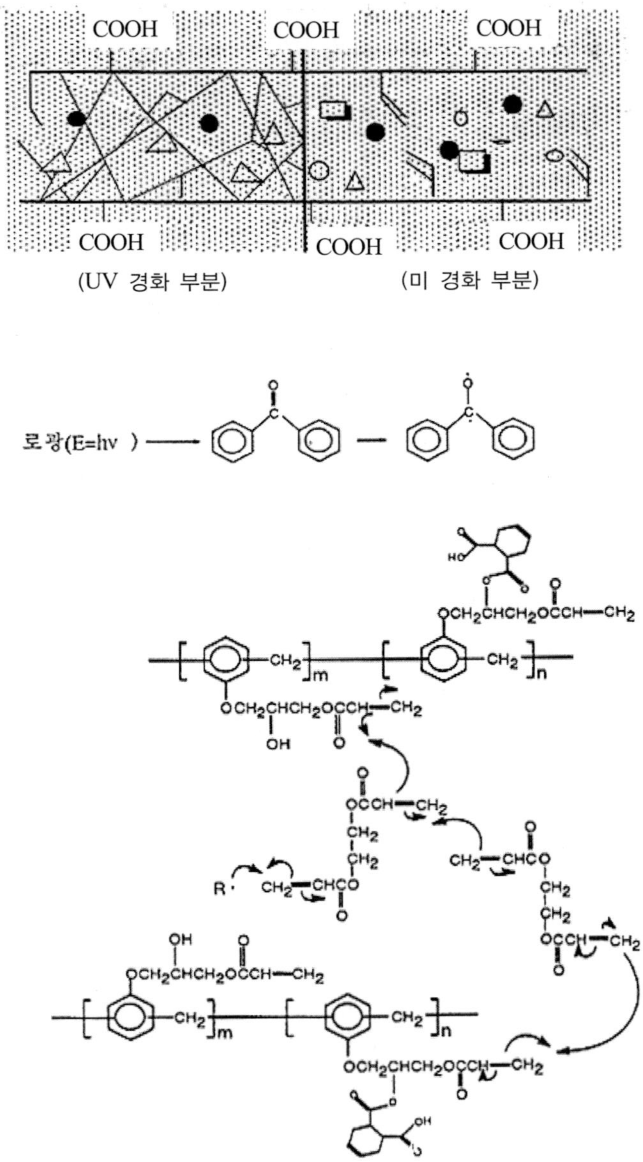

▌그림 5.2▐ PSR 노광 반응

5.4.3 현상

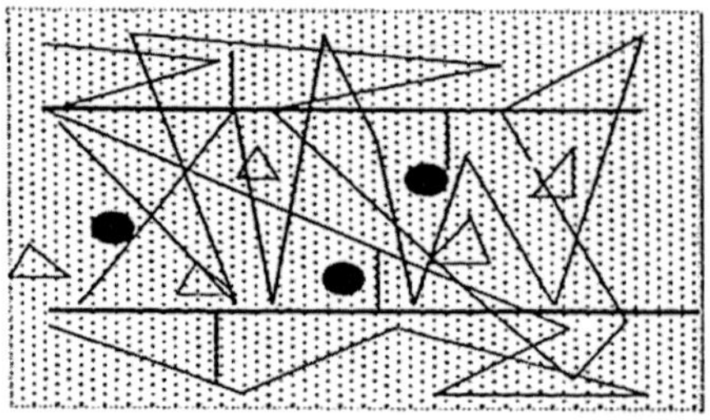

현상 후 INK 부분

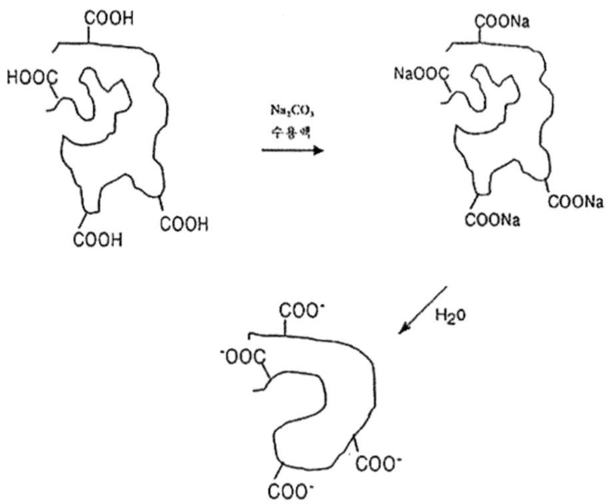

┃그림 5.3┃ PSR 현상 반응

5.4.4 최종 경화

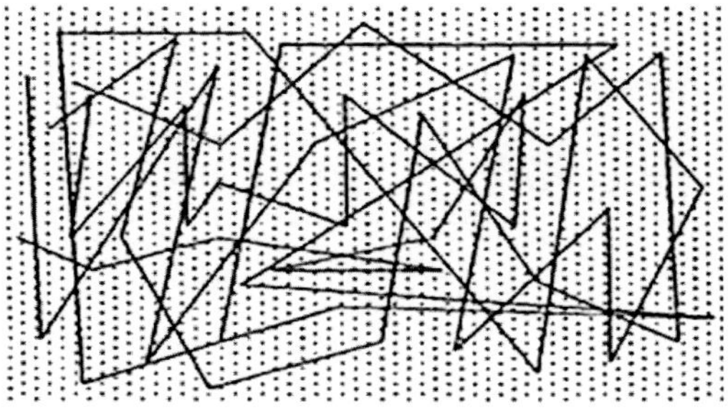

▲ 열경화 반응의 반응 Mechanism

~~ : 광 반응에 의한 가교 Chain

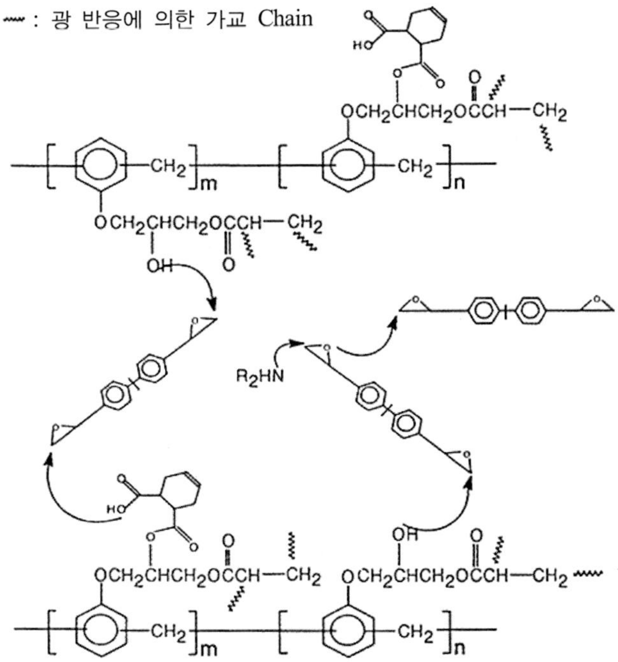

그림 5.4 PSR의 최종 경화 반응

5.5 Resist ink Technical data

5.5.1 Coating 방식에 따른 특성

【표 5.2】 Coating 방식에 따른 특성

방식	장점	단점	비고
Screen	· 박판 인쇄가 가능하다. · 균일한 ink 두께가 가능하다. · hole plugging이 용이하다.	· 생산성이 떨어진다. · 생산 원가가 높다. · PCB의 한 면씩 건조할 수 있다.	모든 종류의 ink 적용 가능하다.
Spray	· 다양한 PCB에 적용 가능한 자동 다량 생산에 적합하다. · 박판 인쇄가 가능하다. · 양면 동시 인쇄가 가능하다	· 환경 오염이 심하다. (솔벤트 발생) · ink 소모가 심하다. · 불균일한 ink 두께가 발생한다.	Solder resist에 적용 가능하다.
Roll	· 양면 동시 인쇄가 가능하다. · 다양한 PCB에 적용 가능한 자동 다량 생산에 적합하다. · 박판 인쇄가 가능하다. · Via hole Tenting이 가능하다. · 균일한 ink 두께가 가능하다.	· 환경 오염이 심하다. (솔벤트 발생) · 생산 원가가 높다. · 적용하는 한계가 있다.	etching 및 Solder resist에 적용 가능하다.

5.5.2 환경 친화성 ink

1) Halogen free Resist

2) lead free Resist

3) Low Toxicity Resist

4) Low mist Resist

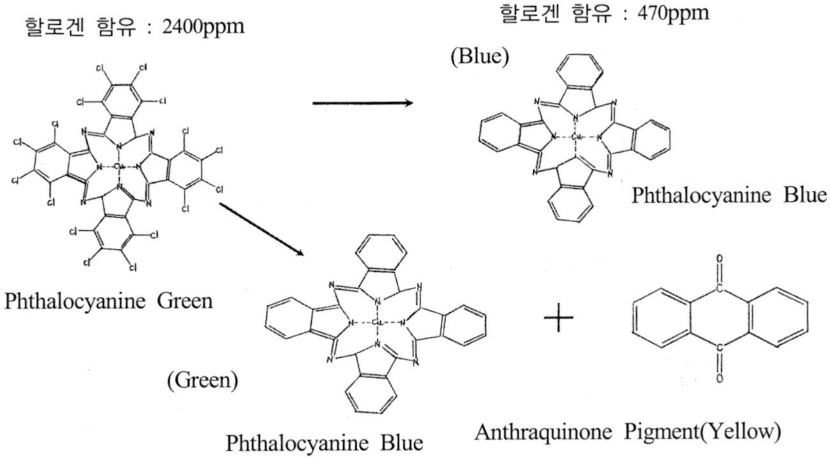

▌그림 5.5▐ Halogen free Resist

5.5.3 Build up 관련 Resist ink

▌표 5.3▐ Build up 관련 Resist ink

Resist 종류	제조사	특성	
		장점	단점
Photo Image	Ciba Geigy iBiden	생산성	Small hole 형성
Thermal Cure ink	Taiyo	생산성	표면 평활성 및 Desmear성
hole filling ink	Sanei	부피 감소가 적다	고가

5.5.4 LPER(Liquid Photo Etching Resist)

1) LPER과 DFR의 특성 비교

▌표 5.4▐ LPER과 DFR 특성 비교표

항목	LPR	DFR
코팅 두께	10㎛ 이하	25㎛ 이상
코팅성	양호	불량
밀착성	뛰어남	보통
해상성	L/S = 30/30㎛	L/S = 50/50㎛
자동화	· Roll : 30,000m2/월 · Dip : 20,000m2/월	가능
단가	DFR의 60%선	LPR보다 높다.

2) 적용

① BGA etchback

- 금 도금 저항성
  - 전해 : Ni 10 ~ 15㎛, Au 0.5 ~ 1.5㎛
  - 무전해 : Ni 5㎛, Au 0.05㎛까지 가능하다.
- 박리성 : 3 ~ 5% NaOH 수용액에서 90~120Sec 사이에 박리된다.

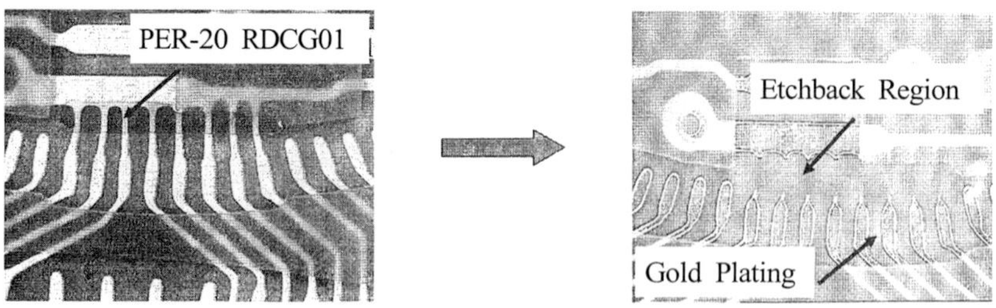

▌그림 5.6▐ BGA etchback 공정 전후 사진

② 부분적인 금도금 Resist

- edge Coverage성 : hole과 2oz Cu까지 Covering이 가능하다.
- 금도금 Resistance : 전해 및 무전해 금도금 모두에 내성이 있다.
- 박리성 : 3~5% NaOH 수용액에서 90~120초에 박리가 된다.

③ metal etching

- 적용 범위 : 그라비아 Roll etching, Sus etching, Tablet 등에 적용된다.
- 내화학성 : 200 ~ 400㎛ etching에 견딘다.
- 환경 친화성 : NaOH에 박리된다.

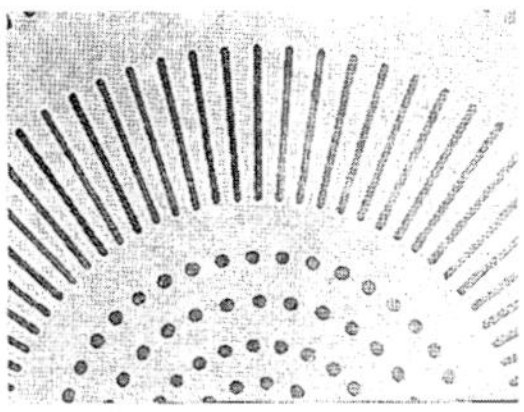

Thickness : 200㎛

Thickness : 200㎛

【그림 5.7】 metal etching 사진

5.5.3 Conductive Paste

1) 개념

① Conductive Paste의 성분 :

Conductive Powder, Resin, Curing agents, Solvent

② Conductive 원리

dry 또는 Curing 전에는 도전성을 띠지 않으나. Curing 후에는 Conductive power 사이에 연결이 이루어져 도전성을 띠게 된다.

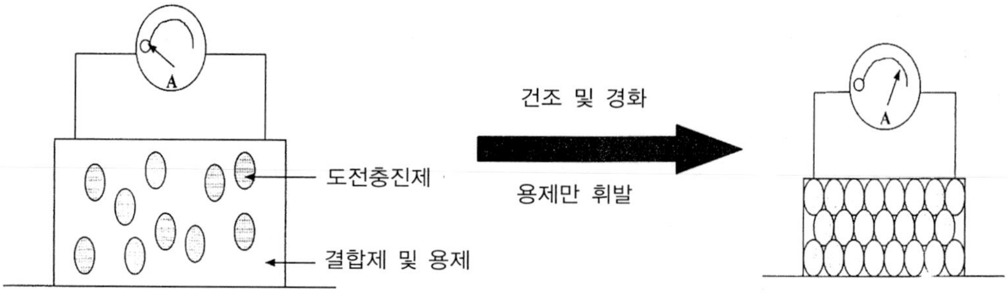

▌그림 5.8▐ Conductive Paste의 도전성 원리

③ 적용은 STH PCB, Jumper, 회로 형성용, 도전 접착제, 전극, membrane switch Touch, EMI 층 등에 적용된다.

2) STH PCB

① 사용 및 기술 추세

▌표 5.5▐ STH PCB의 기술 추세

구분	현재	미래	비고
Base Material	FR-1	FR-2, CEM	
Hole Size	Φ0.5 이상	Φ0.5 이하	
Pitch	1.5mm	1.3mm	
Model	CD-ROM	DVD-ROM PLAYER, FDD	
제작	Double-sided Cu plating → Double-sided STH	4,6 layers → Double-sided STH	

② 품질 표준

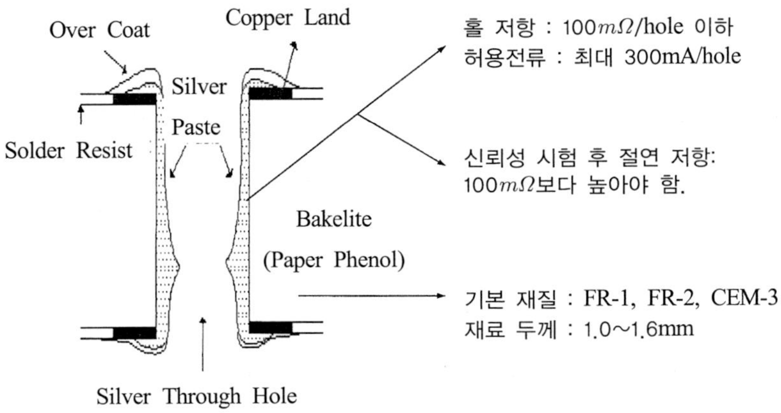

▌그림 5.9▌ STH PCB 품질 규격

③ STH PCB용 Ag paste의 규격

▌표 5.6▌ STH PCB용 Ag Paste의 일반 규격

특성		규격	시험 방법
전기적 특 성	체적 저항	1x10−4 Ω · cm 이하	TYK 시험 방법
	표면 저항	0.1 Ω/□(10㎛) 이하	TYK 시험 방법
	전류 능력	300 mA/hole	IEC spec. 60512−3(1976−01)
	홀 저항	100mΩ/hole 이하	TYK 시험 방법
물리적 특 성	색상	Silver white	Lot별 색상 차이 없음
	비중	1.8_2.2	TYK 시험 방법
	점도	40±10Ps	Cone−Plate type, 5rpm, 25℃
	Thixotropic Index	1.6~2.4	Cone−Plate type, 5rpm/50rpm
	메꿈성	1~3 mg/hole	TYK 시험 방법
	Flash Point	80~90℃	KSM 5000−95
	Flexibility	3.0~4.0 mm	ERICSHEN TEST, ISO 1520−1973(E)
	홀 형태	No Crack and void	TYK 시험 방법
화학적 특 성	접착성	합격	100/100 (CROSS CUT TAPE TEST)
	연필경도	5H 이상	TYK 시험 방법
	솔더 내열성	합격	260℃, 5초, 5회 시험 시 저항치 변화 ±10%이내여야 함

Chapter 6

CCL Test 방법

- 6.1 Solder heat Resistance(솔더 내열성)
- 6.2 Heat resistance(내열성)
- 6.3 Peel strength(인장박리 강도)
- 6.4 flexural strength(굴곡 강도)
- 6.5 Surface resistance & volume resistivity (표면 저항과 체적 저항률)
- 6.6 Insulation resistance(절연 저항)
- 6.7 Dielectric constant and dielectric dissipation factor(유전율과 유전 정접)
- 6.8 Sodium Hydroxide resistance (내 가성소다성)
- 6.9 Coefficient of water absorption (물 흡수율)
- 6.10 Flame retardancy(난연성)

이 장에서는 chapter 1, 2에서 알아보았던 CCL에 대한 신뢰성 평가 방법에 대해서 살펴본다. 현장 엔지니어들에게 참고가 될 만한 내용이 될 것이다.

6.1 Solder heat resistance(솔더 내열성)

이 실험 방법은 CCL의 내열성 평가 중 솔더 pot를 이용한 시험 방식으로 가장 널리 사용되는 방법이다.

6.1.1 표준 규격은 JIS C 6481에 준한다.

6.1.2 시편 규격은 다음과 같다.

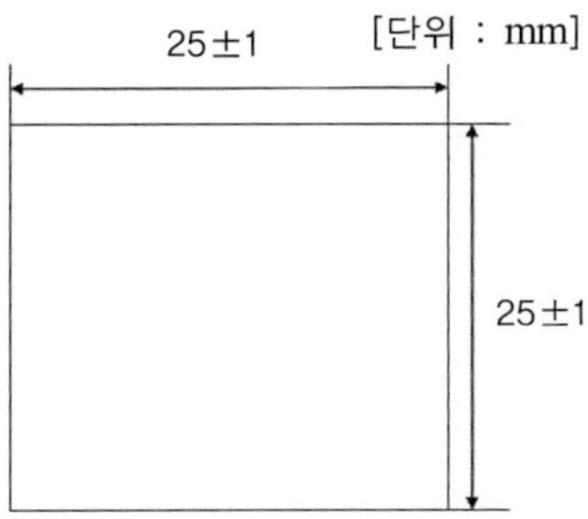

(CCL)

6.1.3 Test 방법은 다음과 같다.

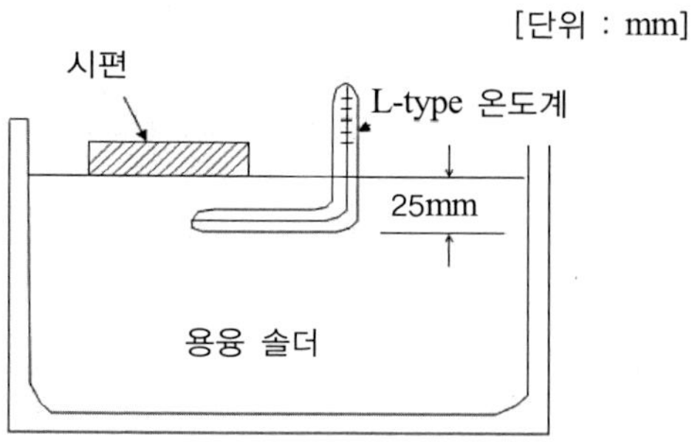

1) 용융 솔더 Bath에 시편을 float 한다.
2) 이때, float 시작부터 시간을 count 하여 CCL의 Swelling 되는 시간을 측정한다.
3) 오랫동안 이상 없이 견디는 CCL이 솔더 내열성이 우수하다고 볼 수 있다.

▌그림 6.1▐ 솔더 내열성 시험 방법

6.2 Heat resistance (내열성)

6.2.1 표준 규격은 JIS C 6481에 준한다.

6.2.2 시편 규격은 다음과 같다.

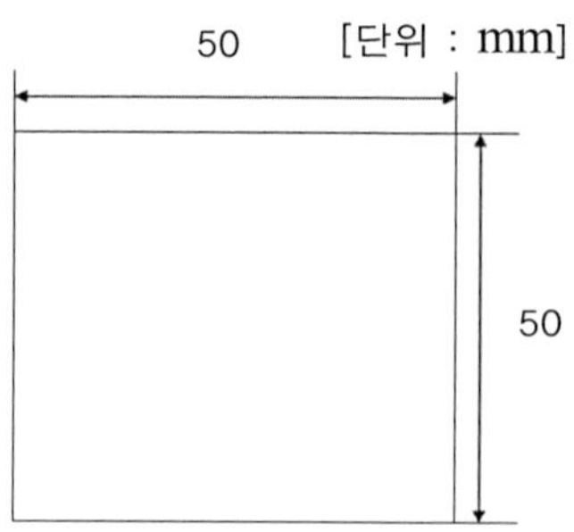

(CCL)

6.2.3 Test 방법은 다음과 같다.

1) 규정 온도의 공기 순환 장치가 있는 항온조에 시편을 투입한다.
2) 규정 시간 동안 처리 후에 Cu foil의 표면, 적층된 표면, 모서리 등의 Swell 및 peeling 여부를 체크하여 평가한다.

6.3 Peel Strength (인장박리 강도)

6.3.1 표준 규격은 JIS C 6481에 준한다.

6.3.2 시편 규격은 다음과 같다.

[단위 : mm]

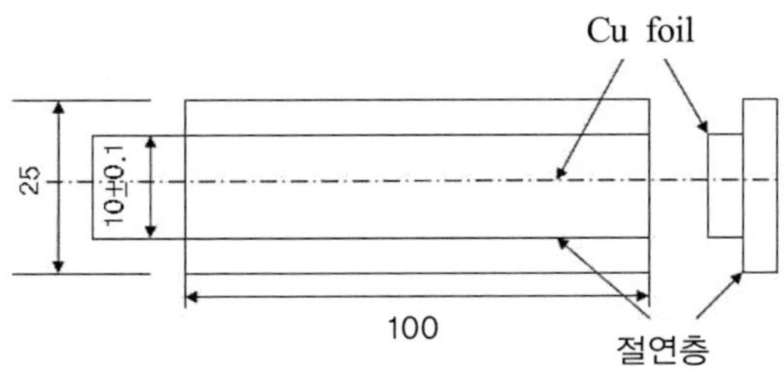

- Cu foil을 규정된 규격대로 etching 하여 형성한다.

【그림 6.2】 시편 규격

6.3.3 Test 방법은 다음과 같다.

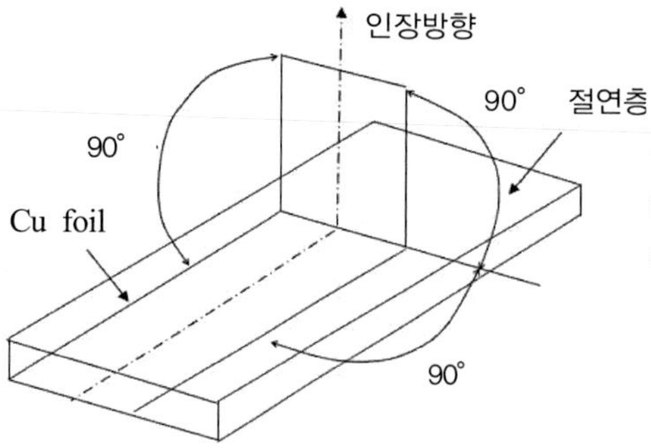

1) 시편의 Cu foil 부분을 peeling 한다.
2) peeling 된 Cu foil 끝에 tension Tester를 연결한다.
3) Cu foil을 당겨 벗겨지는 강도를 측정한다.
(이때, 절연층에 수직되게 Cu foil을 위로 당겨야 한다.)

▌그림 6.3▐ Test 방법

6.4 Flexural strength (굴곡 강도)

6.4.1 표준 규격은 JIS C 6481에 준한다.

6.4.2 시편 규격은 다음과 같다.

[단위 : mm]

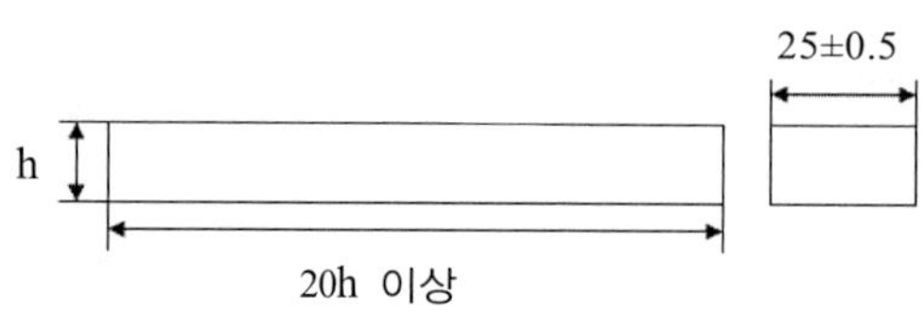

– etching에 의한 Cu foil을 제거한 절연층

▌그림 6.4▐ 굴곡 강도 시편

6.4.3 Test 방법은 다음과 같다.

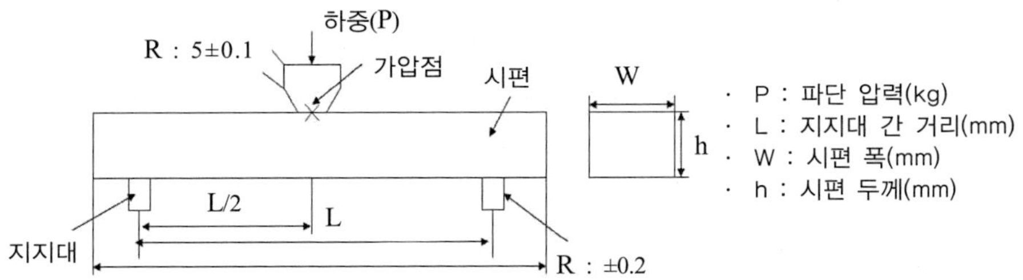

▌그림 6.5▐ Test 방법

1) 지지대 구조 위에 시편의 파단 부하(압력)를 측정한다.

2) flexural strength (굴곡 강도); σFB(kg/㎟) $= \dfrac{3PL}{2Wh^2}$ 으로 계산한다.

6.5 Surface resistance & Volume resistivity (표면 저항과 체적 저항률)

6.5.1 표준 규격은 JIS C 6481에 준한다.

6.5.2 시편 규격은 다음과 같다.

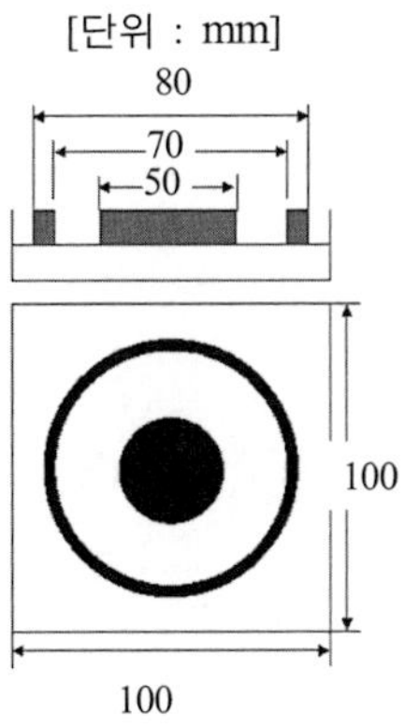

– etching 방법으로 전극을 형성한다.

▌그림 6.6▐ 표면 저항 & 체적 저항률 시편

6.5.3 Test 방법

1) 표면 저항

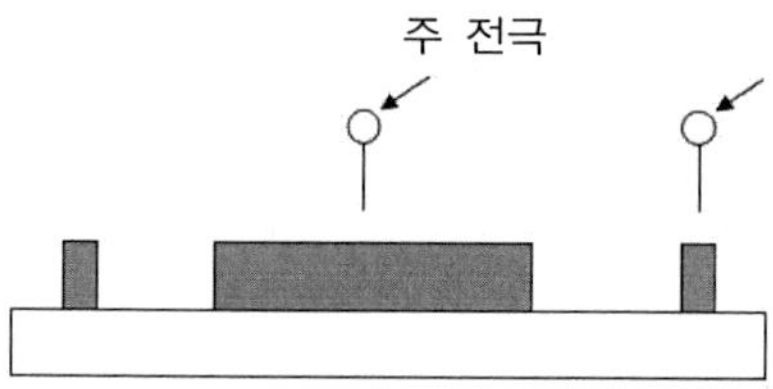

- 주 전극과 부 전극 사이에 DC 500V 인가 시 저항 값을 측정한다.

▌그림 6.7▐ 표면 저항 Test 방법

2) 체적 저항률

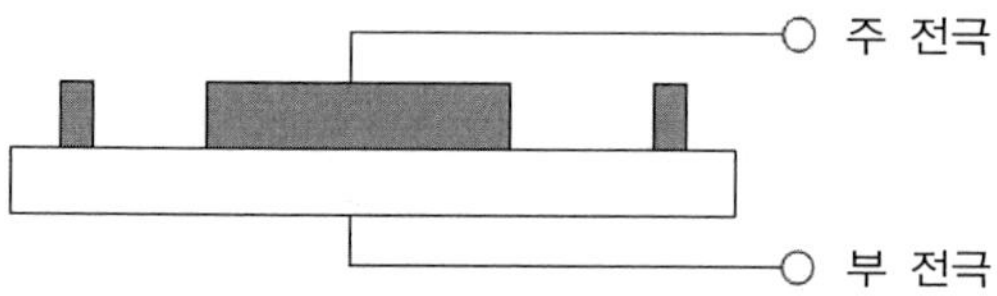

- 주 전극과 부 전극 간에 DC 500V 인가 시 저항 값을 측정한다. 이것이 체적 저항이다.
- 체적 저항률 (Ω-㎝)은 다음 식에 의한다.
- 체적 저항률 (Ω-㎠) $= \dfrac{\text{체적 저항} \times \text{전극 면적}}{\text{기판 두께}}$

▌그림 6.8▐ 체적 저항(률) Test 방법

6.6 Insulation resistance (절연 저항)

6.6.1 표준 규격은 JIS C 6481에 준한다.

6.6.2 시편 규격은 다음과 같다.

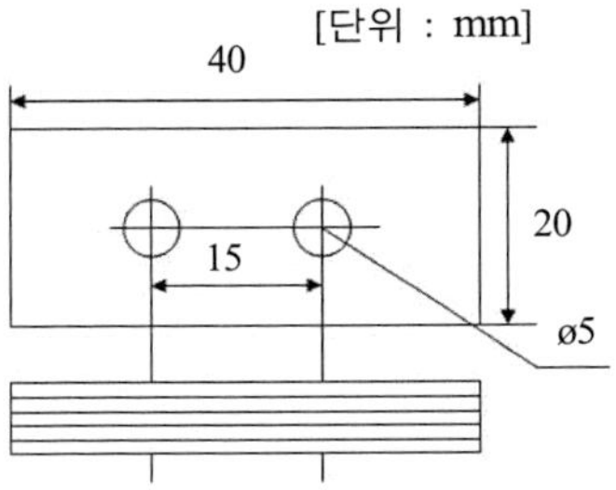

- etching으로 Cu foil 제거 후 hole drill 하여 제작한다.

▌그림 6.9▌ 절연 저항 시편

6.6.3 Test 방법

1) 나사산이 있는 pin을 홀에 삽입한다.
2) pin들 사이에 DC 500V 인가 시 저항 값을 측정하여 이 값을 절연 저항이라 한다.

6.7 Dielectric Constant and dielectric dissipation factor (유전율과 유전 정접)

6.7.1 표준 규격은 JIS C 6481에 준한다.

6.7.2 시편 규격은 다음과 같다.

[단위 : mm]

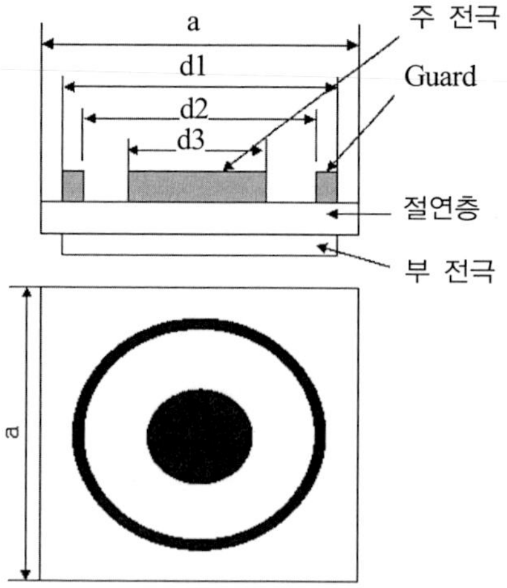

[단위:mm]

CCL 두께	a	전극 규격		
		d1	d2	d3
0.5~0.8t	50	40	32	30
0.8~1.2t	60	50	40	38
1.2~2.4t	86	76	60	58
2.4~3.2t	110	100	80	78

❙그림 6.10❙ 유전율 & 유전 정접 시편

6.7.3 Test 방법

1) 주 전극과 부 전극 간의 정전 용량(electrostatic Capacity)과 Conductance를 측정한다.

2) Dielectric constant(유전율) $= \frac{\text{정전용량}}{\text{공기 중의 정전 용량}}$ 으로 계산되는데, 일반적으로 공기 중의 정전 용량을 '1' 로 본다.

3) Dielectric dissipation factor(유전 정접)$= \frac{\text{유효 도전율}}{\text{무효 도전율}}$ 로 계산한다.

6.8 Sodium Hydroxide resistance(내 가성소다성)

6.8.1 표준 규격은 JIS C 6481에 준한다.

6.8.2 시편 규격은 다음과 같다

[단위 : mm]

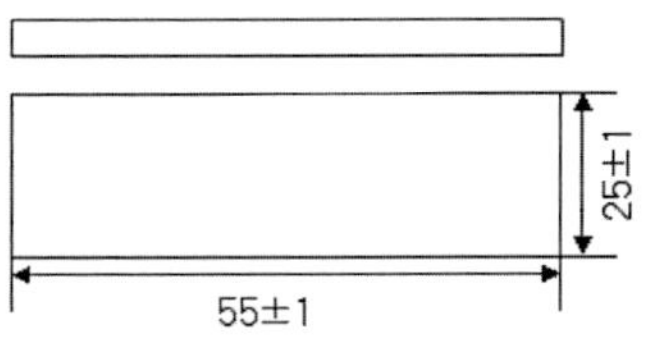

- etching 방법으로 Cu foil을 제거하여 형성한다.

그림 6.11 내 가성소다성 시편

6.8.3 Test 방법

농도 3% NaOH 수용액을 40℃로 맞추어 시편을 3분 간 침적 후 꺼내어 외관 변화 여부 관찰하여 이상 유·무로 결정한다.

6.9 Coefficient of water absorption (물 흡수율)

6.9.1 표준 규격은 JIS C 6481에 준한다.

6.9.2 시편 규격은 다음과 같다.

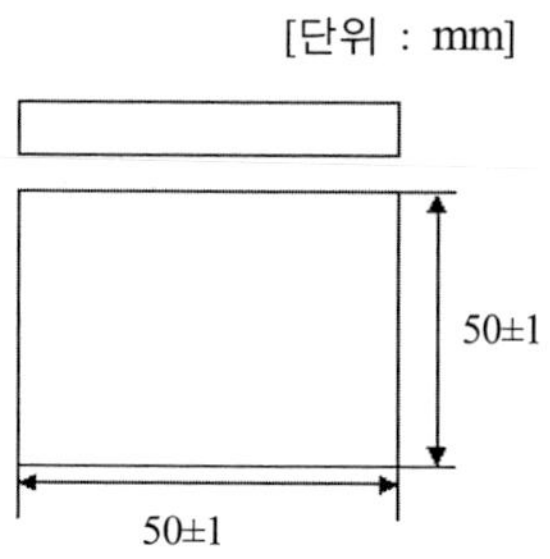

- etching에 의한 Cu foil을 제거하여 형성한다.

▌그림 6.12▐ 흡수율 시편

6.9.3 Test 방법

1) 규정 조건으로 시편을 건조 후, 23℃ 물에 24시간 침적한다.
2) 침적 전·후의 시편 무게를 측정한다.
3) Coefficient of water absorption(물 흡수율) $=\frac{W_2 - W_1}{W_1}\times 100(\%)$으로 계산할 수 있다.

*W_1 : 물 흡수 전 시편의 무게(g)
W_2 : 물 흡수 후 시편의 무게(g)

6.10 Flame retardancy (난연성)

6.10.1 UL 수직법

1) 표준 규격은 UL Subject 94V에 준한다.
2) 시편은 125(L)×13(W)[mm]의 시편을 etching에 의해 Cu를 제거하여 형성한다.

3) Test 방법

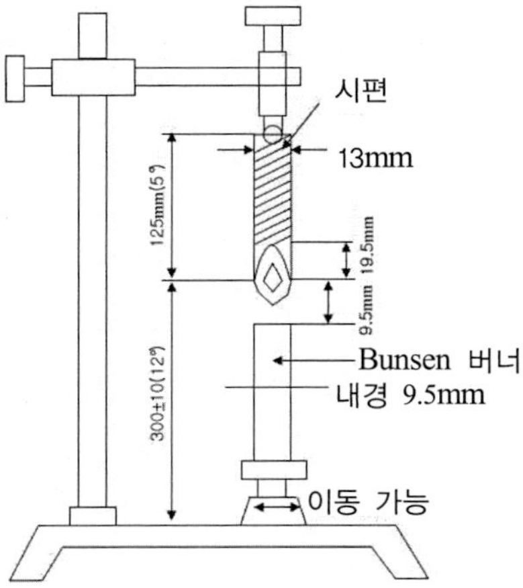

① 시편을 도구에 매단다.
② 시편을 불에 접촉시켜 10초씩 2회 태운다.
③ 시편이 타는 시간을 측정한다.

▌그림 6.13▐ UL 수직법 난연성 Test 방법

6.10.1 UL 수평법

1) 표준 규격은 UL Subject 94HB에 준한다.

2) 시편은 125(L)×13(W)[mm]의 시편을 etching에 의해 Cu를 제거하여 형성한다.

3) Test 방법

1) 시편을 도구에 고정한다.
2) 시편의 끝을 불에 30초간 태운다
3) 1°에서 4°표선까지 불이 도달하는 속도를 측정한다.

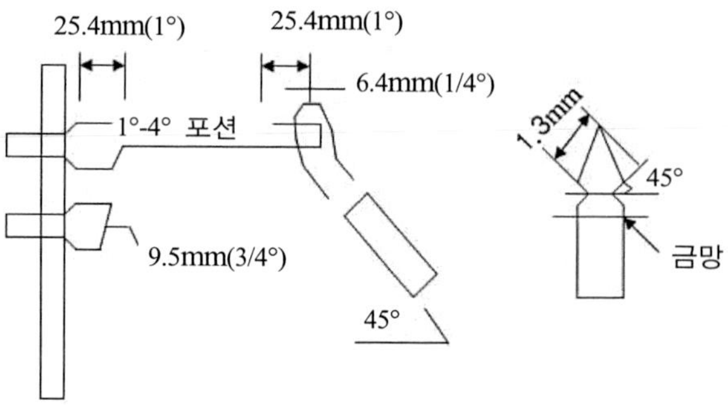

▌그림 6.14▐ UV 수평법 난연성 Test 방법

Chapter 7

차세대 PCB용 원 · 부자재

이 장에서는 chapter 1~6에서 거론한 기본적인 재료에서 뛰어넘어 차세대 PCB에 필요한 개발 완료된 또는 개발 중인 원·부자재 재료에 대한 것을 소개하겠다.

7.1 High Tg FR-4

7.1.1 개요

1) high Tg 재료는 저 열 팽창, 뛰어난 내열성을 소유하고 있다.

2) 흡수 후 절연 저항 및 열적 저항이 유지된다.

3) 고온에서도 안정적인 기계적 특성 때문에 ass'y 특성이 뛰어나다.

7.1.2 technical data

1) Laminate process

Bisphenol A type epoxy, bromine Bisphenol A type epoxy, Dicy-free Curing agent, reaction accelerator, Varmish용 Solvent 등을 혼합한 Multi functional epoxy이다.

2) high Tg Laminate의 특성

▌표 7.1▐ high Tg와 FR-4 Laminate의 대표적인 특성 비교도

Item/Lot No		FR-4	high Tg FR-4
DMA Tg(℃)		130-140	210-220
Peel Strength(lb/in)(Hoz)		9.5	8.7
CTE(ppm/℃)(〈Tg)		70	44
Solder dipping(288℃)		180↓	240↑
PCT	1hr(121℃*2atm) Solder dipping(288℃)	90↓	180↑
	2hr(121℃*2atm) Solder dipping(288℃)	30↓	150↑

▌표 7.1▐ high Tg와 FR-4 Laminate의 대표적인 특성 비교도(계속)

Item/Lot No	FR-4	high Tg FR-4
3hr(121℃*2atm) Solder dipping(288℃)	NG	120↑
Thermal Shock(288℃*10sec dipping	4	20↑
Flame test(UL-94V0)	V-0	V-0
Water aborption(wt%)---C-24/23	0.16	0.1
D.K(1MHz)	4.8	4.6
D.F(1MHz)	0.018	0.01
TGA(5% wt loss)℃	300-320	340-360

표 7.1에서 보듯 high Tg FR-4는 일반 FR-4보다 Tg가 높고 열 팽창 계수가 낮고, 솔더 및 PCT 내열성 등에서 월등하게 차이가 있으며 우수한데 반해, Cu의 peel strength는 떨어지는 것으로 나타난다.

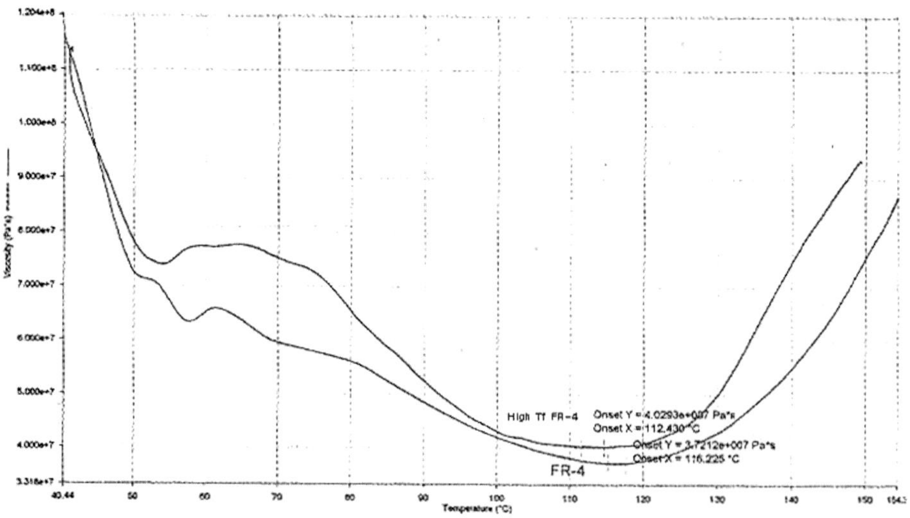

▌그림 7.1▐ high Tg와 FR-4의 용융 점도 Vs 온도 graph

위 그림 7.1에서 보면 용융 시 점도가 FR-4보다 high Tg FR-4가 동일 온도에서 높음을 알 수 있다.

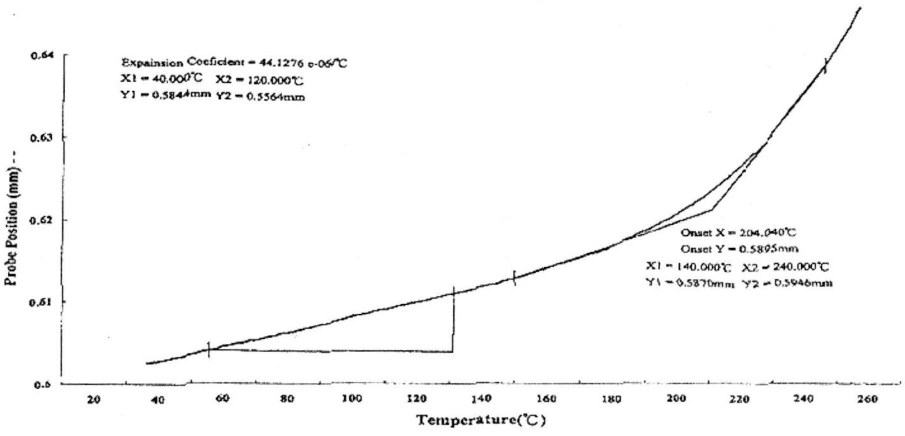

▌그림 7.2▌ high Tg FR-4(TMA) 분석 비교

그림 7.2에서 high Tg FR-4의 TMA 분석에 의한 Tg point 측정을 나타내면 210~220℃ 정도에서 Tg 점이 형성됨을 알 수 있다.

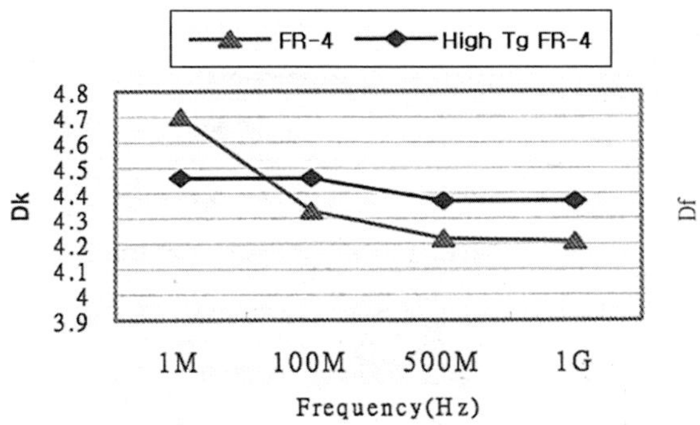

▌그림 7.3▌ high Tg FR-4와 FR-4의 Dk Vs freguency 변화도

주파수 변화에 따른 Dk(유전율) 변화 그래프에서 보면 일반 FR-4보다 high Tg FR-4가 훨씬 안정적인 것을 알 수 있다.

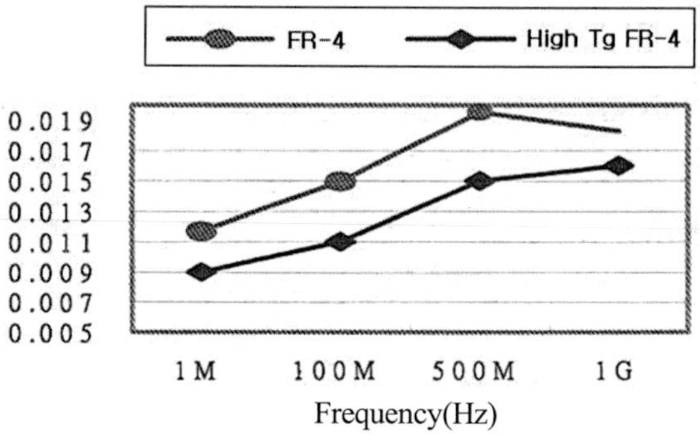

▌그림 7.4▐ high Tg FR-4와 FR-4의 Df VS freguency 변화도

마찬가지로 주파수 변화에 따른 Df(유전 정접) 변화 그래프에서도 보듯 high Tg FR-4가 FR-4보다 Df의 변화가 적다.

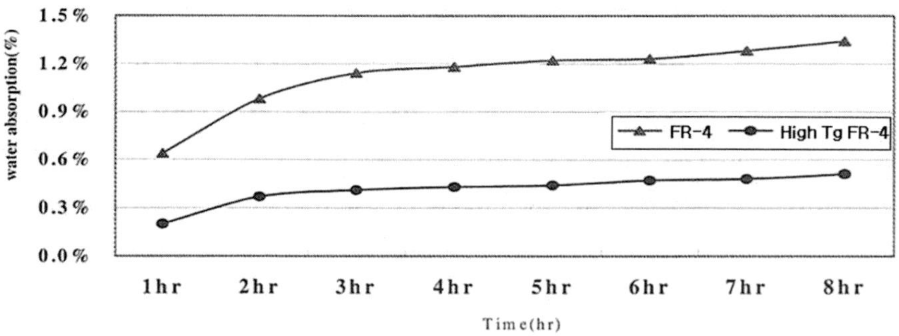

▌그림 7.5▐ high Tg FR-4와 FR-4의 PCT 하에서의 Water absorption 비교도

PCT 시험 결과에서 보듯이 high Tg FR-4가 FR-4보다 훨씬 낮은 흡수율을 보이는 것을 알 수 있다.

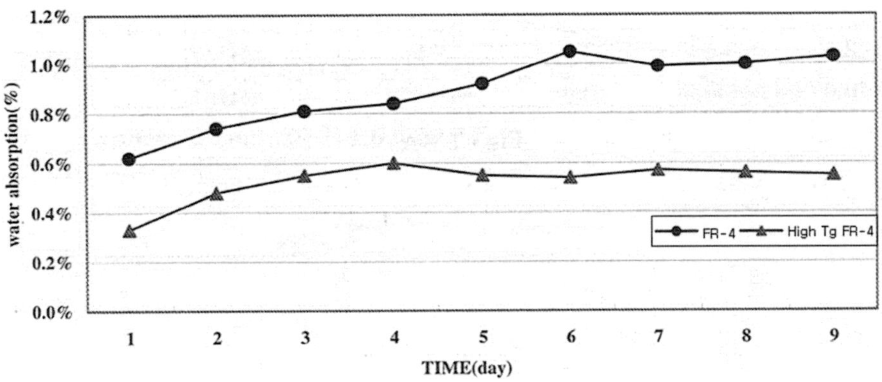

▌그림 7.6▐ high Tg FR-4와 FR-4의 80℃ 하에서 water absoption 비교도

3) PCB 제조 공정

① Drill 조건

▌표 7.2▐ FR-4와 high Laminate의 Drill 조건표 (보드 두께 ; 1.6t)

Material Base	high Tg FR-4			FR-4
Drill Dia(mm)	0.3mm	0.3mm	0.3mm	0.3mm
Stack up	2	2	2	3
Feed(rpm)	70	70	70	70
Speed(rpm)	95000	114000	76000	95000
hole Condition	accept	Batter	worse	–

위 표 7.2에서 드릴 조건을 보면 Φ0.3 small hole 드릴 시에서 일차적으로 high Tg FR-4 재질이 강하기 때문에 Stack 수가 2Stack으로 되어 FR-4의 3Stack을 고수하기 어렵다. Bit의 rpm이 FR-4보다 높게 설정이 되어야만 품질이 좋은 홀을 얻을 수 있었다.

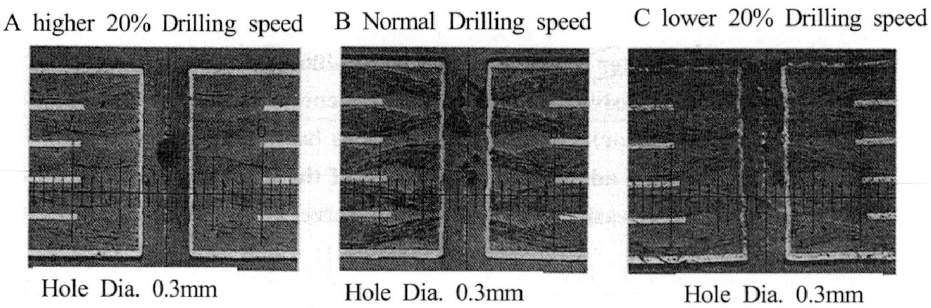

▌그림 7.7▐ 드릴 조건에 다른 high Tg FR-4 Laminate의 홀 사진

위 그림 7.7은 표 7.2의 내용을 증명해 주는 사진들이다.

② Desmear

high Tg FR-4는 동일 조건이 Desmear 처리 시 FR-4보다 낮은 etching으로 낮은 weight Loss를 보이며, 다른 종류의 CCL, 즉 BT resin 및 FR 406보다는 높은 weight Loss를 나타낸다. 그렇기 때문에 high Tg FR-4는 FR-4 Desmear 조건보다 강화된 조건으로 처리해 주어야 한다.

▌표 7.3▐ CCL 종류별 Desmear weight Loss

Swelling Temp	Sweller	Swelling Conc	Swelling Time	FR-4	high Tg FR-4	BT	FR-406
55℃	Hole Cleaner A/B	20%	6min	0.135	0.02	0.024	0.009
70℃	Solvent Ⅱ	40%	5min	0.402	0.07	0.049	0.064

위 표 7.3에서 보듯이 Desmear의 etch rate에 결정적인 역할을 하는 Sweller의 종류별/조건별 Test 결과, FR-4에 비해 high Tg Fr-4가 현저히 etch율이 적어 weight Loss가 적은 것을 알 수 있다.

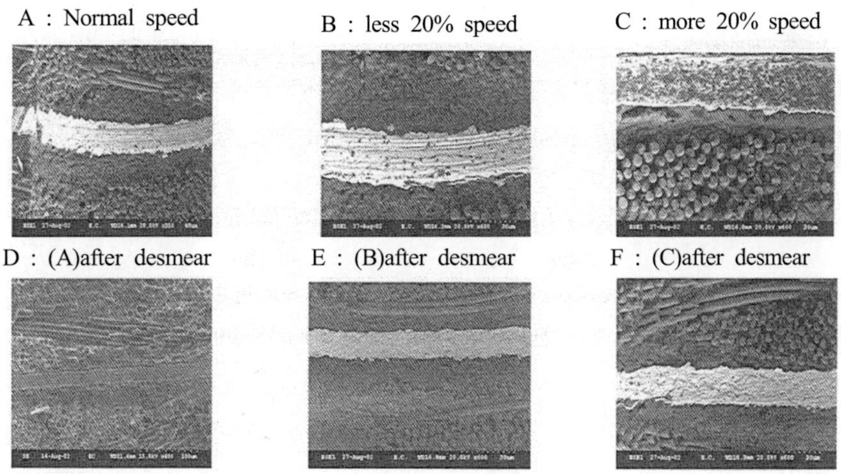

▎그림 7.8▎ high Tg Laminate Drill 및 Desmear 후의 hole의 SEM 사진 결과

위 그림 7.8에서 보면 Drill의 Bit rpm이 20% 낮을 경우, Smear 발생 및 desmear 후에도 미세 잔존하는 것이 확인이 되고, rpm 속도를 표준 이상으로 하여야 상태가 좋음을 알 수 있다.

4) 열적 특성

열적 특성 Test는 다음과 같이 하여 평가되었다.

① PCT : 121℃, 2atm

② Solder dip Test : 288℃, 60초

③ Thermal shock Test : 288℃, 10초, 6cycles

Test 결과는 delammation 등이 없이 양호하였다.

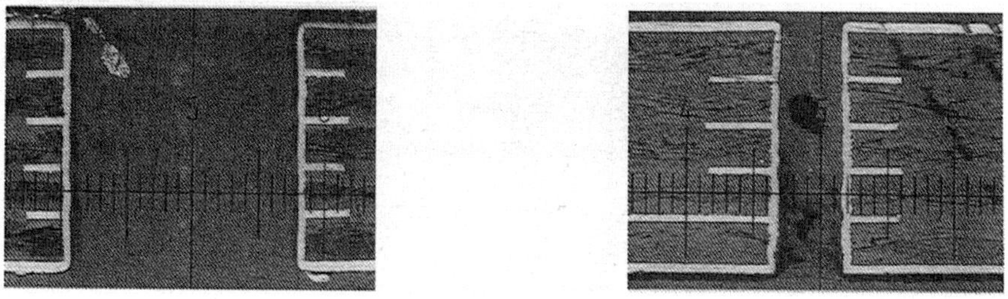

▌그림 7.9▐ thermal stress, float test 결과 사진

7.2 Build up, RF, high speed 적용용 재료

7.2.1 개요

PCB 산업에 Build up 공정의 Semi-additive 공법화와 high speed화는 저 유전율(Dk), 저 유전 손실(Df)의 재료 개발을 부추긴다.

7.2.2 PCB 재료의 발전 경향

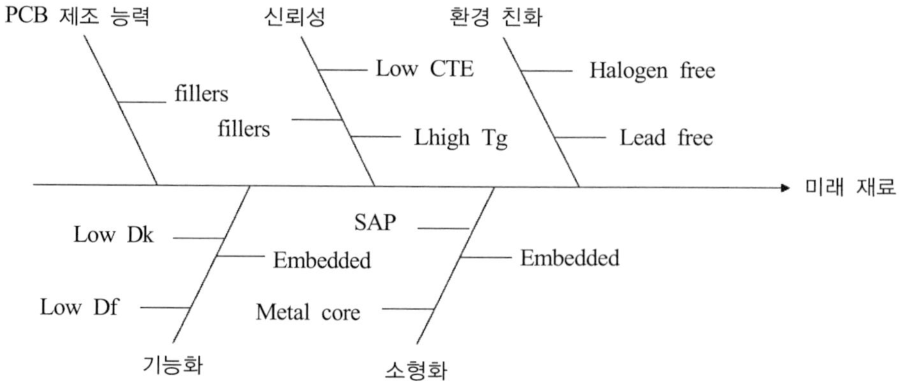

▌그림 7.10▐ PCB 재료의 Load map

7.2.3 Low Dk 재료

Low Dk 재료 개발의 선두는 GETEK사의 GE electromaterials에서 개발에 착수하여 주로 Telecomunication, Switch 영역용에 사용되고 있다.

【표 7.4】 Low Dk 재료 maker별 비교표

Supplier	GE	ISOLA	Nelco	Nelco	Nan Ya CCL
Material Designation	GETEK	FR408	N4000-13	N6000-21	NPLD
DK @1MHz (7628)	4.2	4.2	–	–	4.2
DK @1MHz (2116)	3.9	3.95	3.8	3.4	3.95
DK @1MHz (1080)	3.8	3.85	3.5	3.2	3.68
Tg by DMA(℃)	150/173	185	220	210	173
Tg by TMA	165	175	180	170	160
Z-CTE α1/α2	51/386	80/330	80/350	45/230	65/316
Status	Mass Production	Mass Production	Mass Production	Mass Production	Prototype

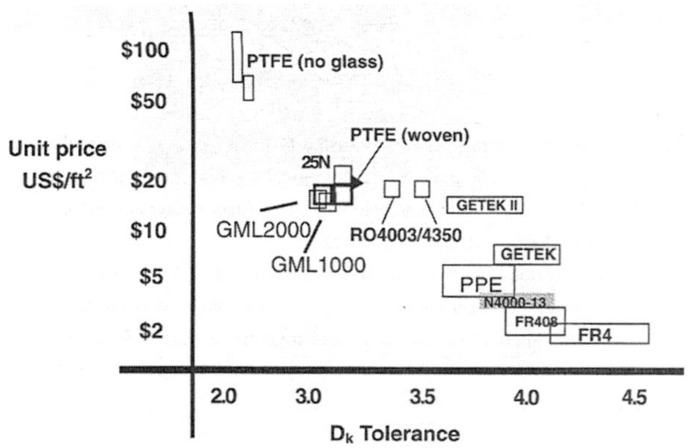

【그림 7.11】 여러 Low Dk 재료 VS. Cost

앞에서 PCB 재료의 Load map에서 보듯이 Low Dk 재료의 신뢰성 및 제조 능력적인 측면에서 filler는 중요한 역할을 한다. 즉, filler 농도는 drill 된 홀과 도금된 Cu와의 접착 강도에 큰 영향을 미치는 것으로 나타난다.

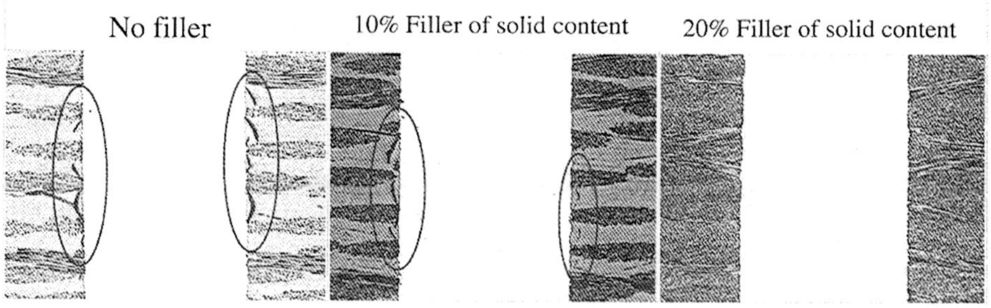

【그림 7.12】 PTH 신뢰성 VS low Dk 재료의 filler량의 비교

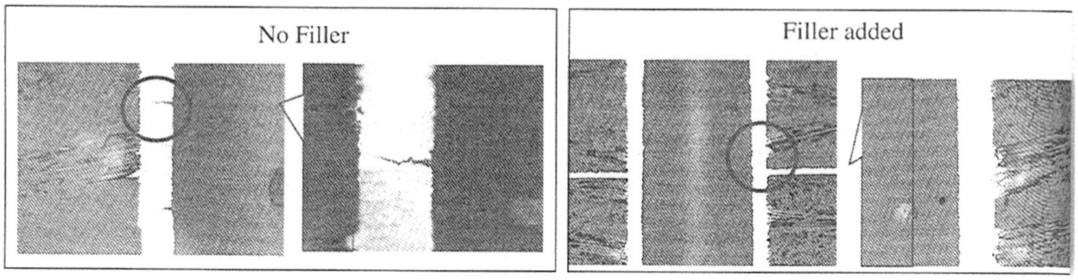

【그림 7.13】 ncon filler VS filler 충전 시 thermal shock(−55℃↔125℃, 1,000Cycle)후 비교 사진

또한, Low Dk 재료의 필요성은 현재 주파수대가 GHz 영역의 clock rate로, 1MHz상에서의 전자 transmission은 1GHz에서와는 큰 차이를 보이며, 전자기 효과는 Skin effect(표피효과)와 Crosstalk(교란)와 같은 효과에 크게 영향을 미친다.

▌표 7.5▌ 여러 Low Dk의 특성 비교표

Supplier Name Material type Designation	Rogers CCL/pp RO4000 Series	Gil CCL GML1032	GML1034	GETEK CCL/pp GETEK II	Gore prepreg Speedboard C	Microlam 410
Resin type/ Reinforcement	Hydrocarbon/ Ceramic filler/Woven glass fiber	Thermoset polyester/Woven glass fiber		PPO+Special Resin/Woven glass fiber	BT/Epoxy Resin/Expand PTFE	Epoxy Resin/ Filler/Expand PTFE
Dielectric Constant (test condition) Dissipation factor	2.2–3.5 (10 GHz) 0.002–0.004	3.2 (1MHz / 1GHz) 0.004	3.38 0.005	3.5–4.3 1GHz 0.0046	2.5–2.6 (1MHz / 1GHz) 0.0038/0.0035	3.2–3.4 (1MHz / 3GHz) 0.004/0.008
Water absorption	0.06 50℃/dipX48hrs	0.05 D–24/23	0.11	0.1 IPC–TM–650 2.6.2.1	0.2 95%RHx95hrs	0.13 20℃/dipx24hrs
Tensile Strength(Mpa) Tensile Modulus(Gpa)	175 11.5	276 14.5	372 18	345 –	– –	– 15
Peel Strength(lb/in)	7.0	5.0	4.5	4.0(0.5Oz)	5(0.5Oz)/7(1Oz)	3.4
Tg(℃) DMA Tg(℃) TMA Z–CTE(ppm/K) α1/α2	N/A N/A 50 14/16	145 – 70/380 30/34	150 – 80/325 24/26	200 190 35/330 –	– 220 – –	– 220 19/– –
UL flame Rating(94)	V–0	V–0	V–0	V–0	V–0	V–0

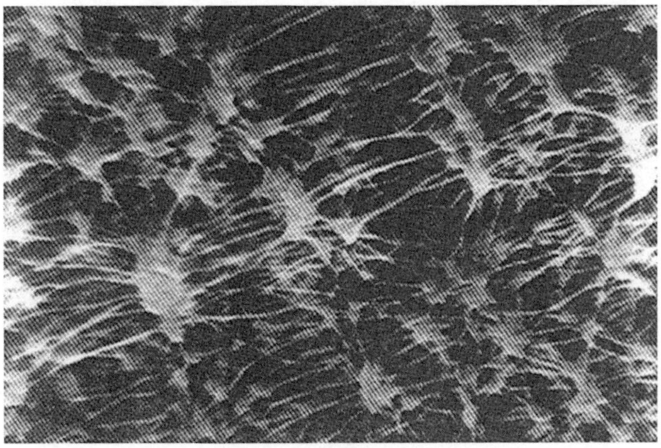

▌그림 7.14▌ 개량된 PTFE의 micro structure 사진

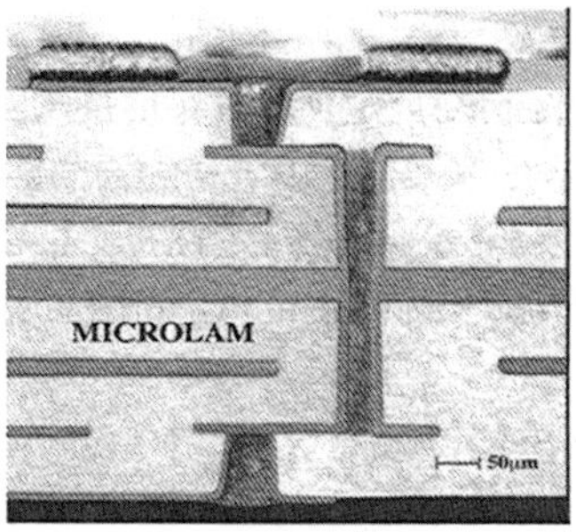

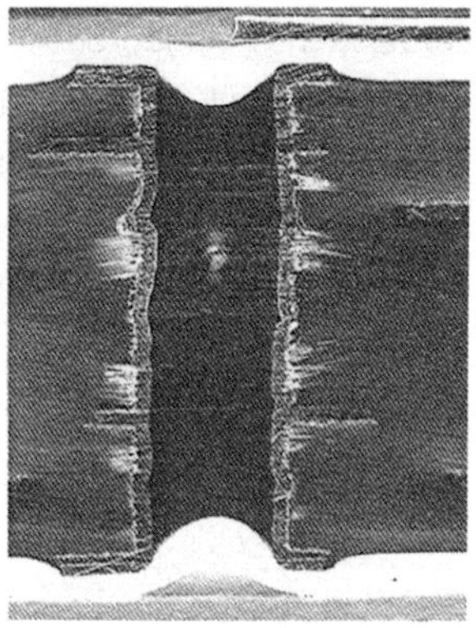

▌그림 7.15▐ Microlam 410에 의해 제조된 metal Core 구조의 7층 기판의 X-section 사진(왼쪽) 과 microlam 610으로 Build up 된 (1+8+1)의 기판(오른쪽)

7.2.4 Sap(Semi additive process) Build up dielectric 재료들

1) PCB의 소형화 및 high density는 ABF(Ajinomoto Build up film)와 같은 D/F type의 절연 재료를 탄생시켰다.

2) SAP용 ABF는 fine line (20~25㎛)까지도 제조 가능하다.

3) SAP에서 중요한 공정은 Cu와 절연체 사이의 접착력을 최대로 올리는 것이 관건으로 절연체의 표면적을 극대화하는 Desmear 공정 관리가 중요하다.

┃표 7.6┃ Build up 재료 특성 비교표

Supplier Name	Mitsui	Ajinomoto	Nippon Paint	Zeon
Material type	RCC	film	Film	Film
Designation	MR-500	SH-9K	Probicote 5000	Under develop
Resintype	Epoxy Resin	Epoxy/Phenol NoOvolac Resin	Epoxy-Acrylate Photosensitive	Thermoset Cycloolefin/Epoxy Resin
Dilectric Constant	3.4	4.7	4.7	2.4
(test condition)	(1GHz)	(1MHz)	(1MHz)	(1GHz)
Dissipation factor	0.025	0.045	0.045	0.006
Water absorption(%)	-	2.4	2.4	0.07
		Boiling -100℃x24hrs	RTx24hrs	Boiling -100℃x24hrs
Tensile Strength(Mpa)	74	70	85	60
Young's Modulus(Gpa)	3.5	3.0	2.5	2.1
Peel Strength(lb/in)	7.0	4.8	5.6	3.7
Tg(℃) DMA	150		200	162
Tg(℃) TMA	-	165	160	
Z-CRE(ppm/K) α1/α2	-	95/150	62/-	88/167
CTE(ppm/K)X/Y	-	-	-	-
UL lame Rating(g4)	V-0	V-0	V-0	V-0

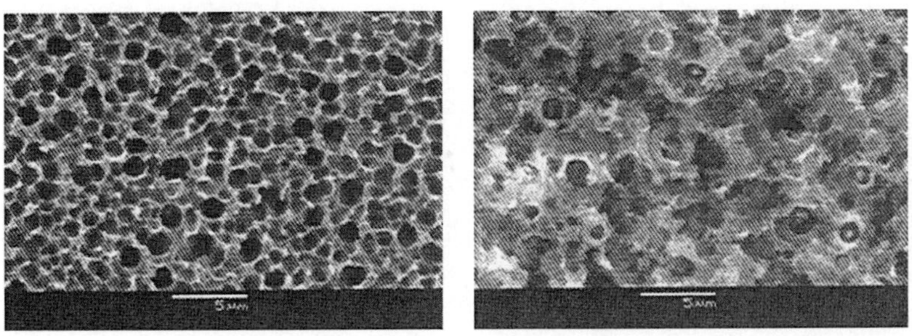

┃그림 7.16┃ Desmear 상태와 도금된 Cu 사이의 peel strength 사이의 비교 사진

위 그림 7.16에서 왼쪽의 약한 Desmear 처리된 표면에서 Cu와의 peel strength가 약하여 Blister가 발생하는 것으로 나왔다.

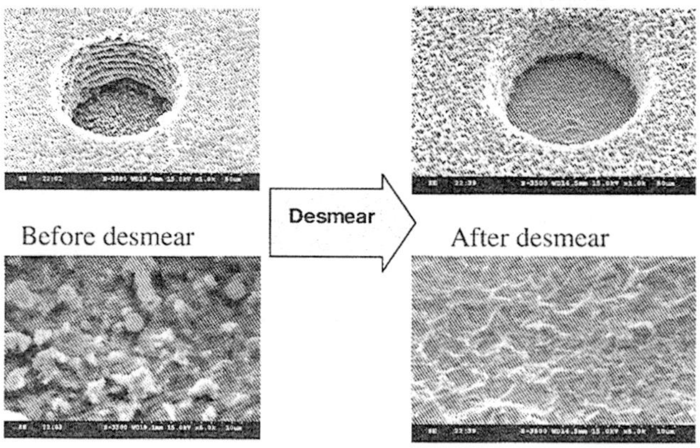

▌그림 7.17▐ halogen free ABF-GX의 Desmear 전·후의 SEM 사진 비교도

위 그림 7.17에서 보듯이 halogen free ABF-GX의 Desmear 처리 상태가 양호하게 되어 표면적이 극대화 되어 Cu 도금 시 양호한 밀착력을 보장할 것으로 보인다.

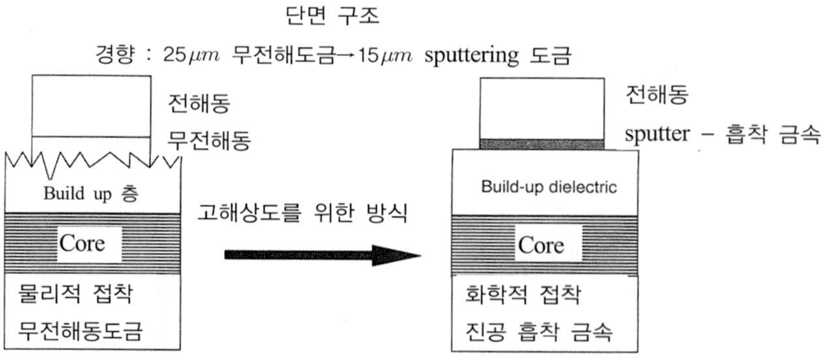

▌그림 7.18▐ Build up process에서 일반 desmear+electroless Cu Plating 공법과 sputtering-deposition 공법과의 차이도

위 그림 7.18에서 보듯이 Sputtering 공법에 의해 처리된 Build-up 절연층은 no Profile

덕분에 Signal transmission noise(신호 전송 노이즈)가 현저히 감소되어 신호 전송에서 훨씬 유리하다. 또한, 신호 전송 시 impedance Controll이 가능하다. 즉, 이것은 고주파 신호 전송시 발생하는 Skin effect를 근본적으로 방지하기 때문에 가능한 것이다. 또한, sputtering 공법은 15㎛ 이하의 초 fine Line 제조가 가능하다는 장점도 가지고 있다.

7.3 UTC (Ultra Thin Copper foil)

7.3.1 개요

1) UTC는 지지층을 갖고 있는 1~9㎛ 두께의 HDI 적용에 적합한 Cu foil을 말한다.

2) UTC의 제조는 진공 증착 및 유기 도전층 Coating 방식 + Carrier Copper foil(CCF)의 조합으로 이루어진다.

3) 적용은 direct Laser Drill, plasma Drill에 적합하다.

4) UTC는 flexible plastic 절연 film, 즉 PI, PET에 Cu를 Sputtering, evap-oration 증착하여 2층 FCCL을 제조할 수 있다.

5) 접착층의 3층 구조의 UTC의 FCCL은 fine pitch의 flexible PCB 제조에 적합하다.

7.3.2 개발 배경

1) Fine pattern 형성 시 1oz(35㎛), 1/2oz(18㎛), 1/3oz(12㎛)으로는 Line/space(50/50㎛)을 달성하기 어렵다. 따라서 나온 것이 SAP(semi additive process)로서 여기에 대체 가능한 것이 UTC인 것이다.

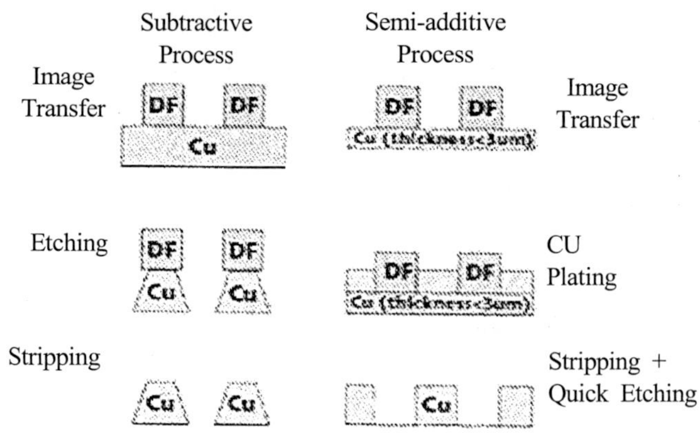

▌그림 7.19▐ Subtractive 공법과 Semi-additive 공법 비교

2) UTC 채택 시 두 가지 중요한 Base 재료로써 Carrier Copper foil과 adhesiveless FCCL이 있다.

7.3.3 CCF(Carier Copper foil)

1) 기본 구조

12㎛ 이하의 Cu foil은 취급 시 쉽게 주름이 생기거나 기타 불량이 야기될 수 있기 때문에 Cu foil 아래에서 지지와 보호 목적의 층이 필요하다. 구조는 다음과 같다.

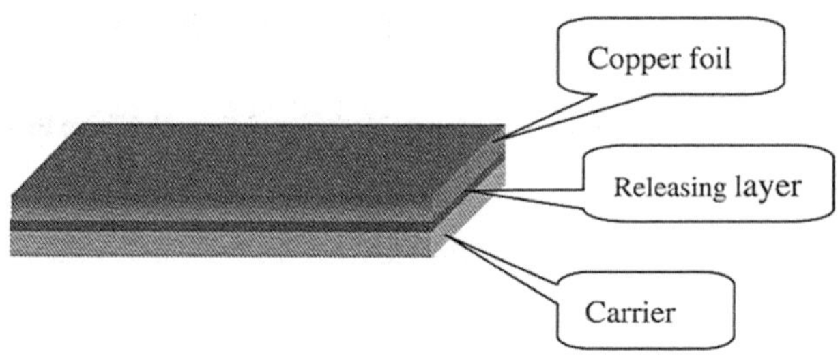

▌그림 7.20▐ CCF의 기본 구조

Carrier 재료는 일반적으로 30㎛ 이상의 Al foil을 많이 사용하며, Cu foil은 matte면에 modulation, thermal Barrier, anti-tarnish 처리가 되어 있다. CCF Cu foil 제조 시에 사용되는 도금액의 처리 조건, 농도, 첨가제 등은 일반 Cu foil 도금액과는 다르다.

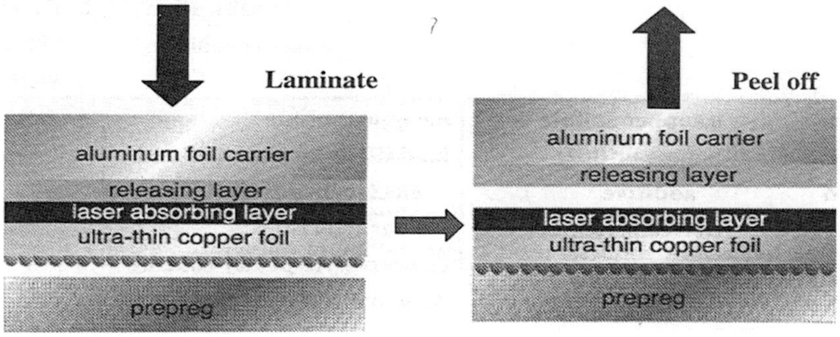

▎그림 7.21▎ CCF 사용 예(pre preg와 적층 및 Carrier 제거)

▎표 7.7▎ 일반 Cu foil, 고 신뢰성 Cu foil, UTC의 비교표

Copper Foil	Traditional CF (18–70um)	High Performance CF (18–70um)	Ultra Thin CF (〈12um)
Development Schedule	1960–1970	1992	1990
Fabrication Processes	Drum Cathode Method	a. Drum Cathode Method b. cathode/anode/equipment modification c. electrochemical solution improvement	a. Belt Cathode Method b. Horizontal Plating Method
Electro-Plating Method	a. Copper Sulfate b. none or little additive c. electrolyte purity control d. high current density	a. copper sulfate b. additive formulation and electrochemical characteristics c. electrolyte purity control d board range of current density	As lift
Metallurgical ProPerties	a. large, columnar grain, high surface roughness b. poor mechanical strength, elongation and low etching factor c. not suitable for HDI	a. repuirements of thinner, fine-line, high b. equi-axial fine grain c. low profile d. good mechanical performance e. subsiitute for RA copper foil	a. ultra-thin b. for HDI c. very low profile d better or equal to high performance copper foil

또한, UTC의 Shinny side는 laser absorption 층이 전착되어 Direct Laser 드릴 시 가공성을 좋게 하여 준다.

| 표 7.8 | 6㎛ CCF의 일반 특성

Items		Typical Properties	Testing Method (IPC-TM-650)
Copper Thickness(㎛)		3,6,9	2.2.12.1
Carrier Bond Strength(Kgf/㎝)		≦0.05	2.4.8.4
Peel Strength(Kgf/㎝)(with FR4)		≧1.3	2.4.8.5
Matte-Side Roughness(㎛)	Ra	≦0.4	2.2.17
	Rz	≧3.5	2.2.17

2) UTC foil의 장점

① 얇은 Cu foil 두께를 갖고 있으며 두께가 균일하다 이것은 제조 시에 낮은 전류 밀도를 적용하여 전기 도금하기 때문으로, 뛰어난 물리적 특성과 균일한 두께 분포가 가능하다.

② 적은 under cut과 잔류동 방지가 가능하다. Cu 두께가 얇으므로 etching 속도가 빨라 낮은 side 부식으로 under cut이 적고, 부식 용액의 잔류 가능성이 낮으므로 fine Line에 적합하며, 잔류동 문제도 제거된다.

③ 높은 신호 완전성을 달성할 수 있다. 직각의 회로는 signal Loss, noise 감소 등의 효과가 있어 고주파 신호 전송에 훨씬 유리하다.

3) CCF의 당면 과제

① release 층의 Strength 신뢰성

release 층의 UTC 접착 시에는 Lamination 온도, 압력 적용 후 균일한 release 강도의 유지가 필요하다. 만일, release 강도가 변화 시에는 Peel force 제어가 어렵고, 재료에 충격이 가해질 가능성이 있다.

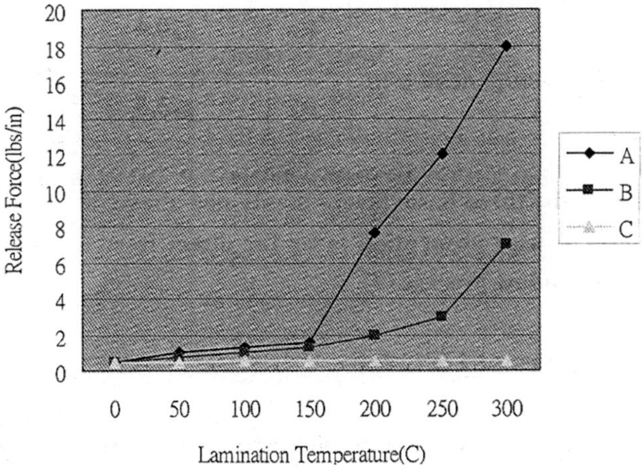

▌그림 7.22▐ 변화하는 적층 온도 하의 release force 비교도

위 그림 7.22에서 보듯 C와 같이 적층 온도의 변화에 변화 없이 일정한 Release force를 갖도록 제조되어야 한다.

② Pin hole 문제

Carrier의 표면 형상은 UTC fiol에 pin hole을 야기할 가능성이 있다. 즉, Carrier의 Shiny 면의 청정도, 함인 전기동 용액의 청정도, 도금액 관리 등이 중요하다.

③ Very Low Profile 표면

UTC foil의 matte 면의 매우 낮은 표면 조도는 peel strength에 나쁜 영향을 미칠 가능성이 있다.

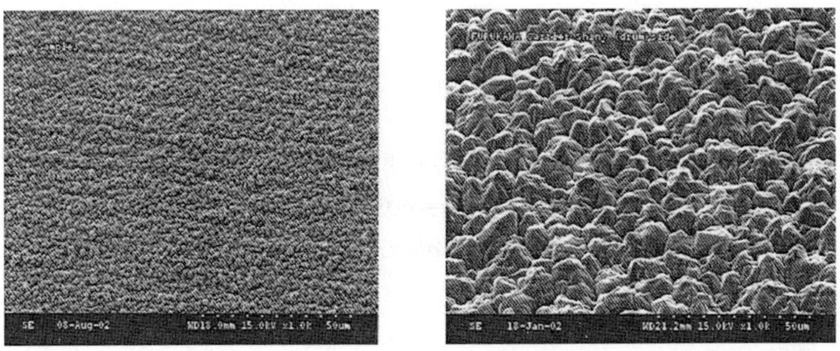

▌그림 7.23▐ 일반 Cu foil의 modulation(오른쪽)과 UTC의 modulation 비교 (X4000)

7.3.4 adhesiveless FCCL

1) 기본 구조

① 일반 FCCL 구조는 3층 구조(PI film+adhesive+Cu foil)로 되어 있다. 이것은 공정 진행 시 처리온도의 제한, 열적·전기적 특성이 열악하다.

② 개량된 FCCL 구조는 2층의 adhesiveless 구조(PI film+Cu foil)로 되어 있다.

③ 제조 방법은 크게 두 가지로 나뉜다. 즉, CCF + PI를 Varnish 하는 방법과 UTC + direct depostion(Sputtering 또는 evaporation) 하는 방법이다.

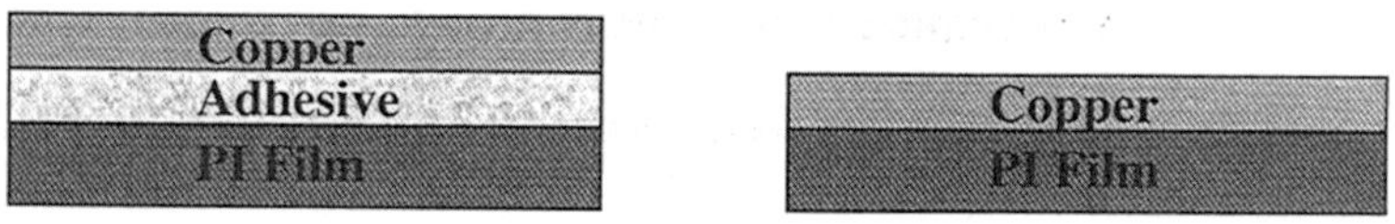

▌그림 7.24▐ 3층 구조(adhesive)와 2층 구조(adhesiveless)의 FCCL

④ 2층 구조의 약한 Cu foil과 PI의 접착력 문제로 tiecoat Coating이 필요하다.

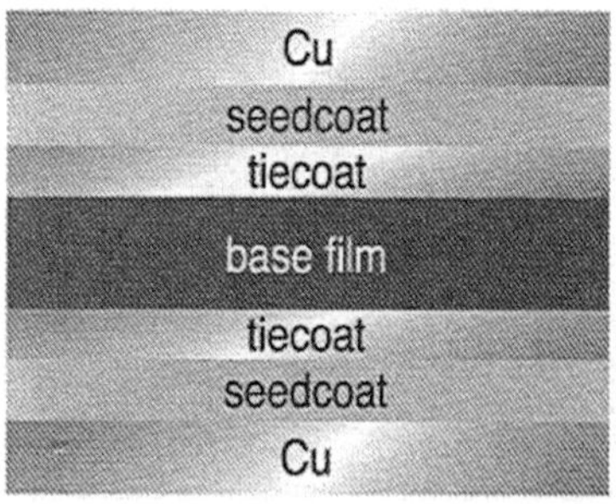

▌그림 7.25▐ sputtering/electroplating 처리된 D/S FCCL

위 그림 7.25에서 보듯이 base film(PI)의 양면에 tie coat+seed coat층이 Cu foil의 밀착력을 향상시키는 역할을 한다.

▌그림 7.26▐ Roll-to-Roll sputtering Machine 사진

2) 2층 구조의 FCCL의 특성

① 공정 처리 시 300℃ 이하에서 장기간 열적 처리를 하면 안정성이 유지된다.

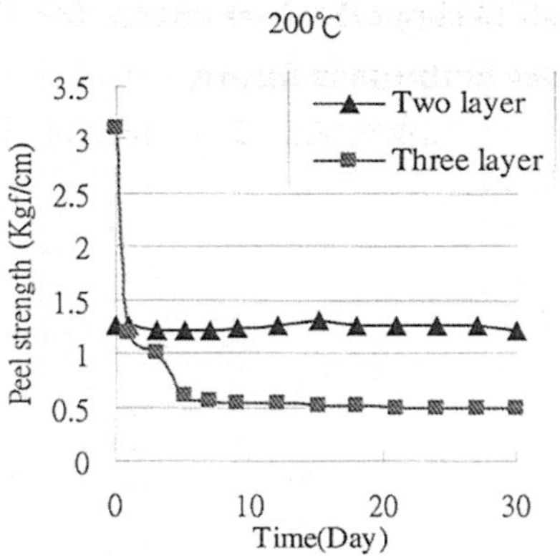

▌그림 7.27▐ 2층 구조와 3층 구조 FCCL의 peel strength와 열적용/시간별 비교도

위 그림 7.27에서 알 수 있듯이 2층 FCCL의 Peel strength가 3층 FCCL보다 훨씬 높고 안정적인 것을 알 수 있다.

② 뛰어난 치수 안정성

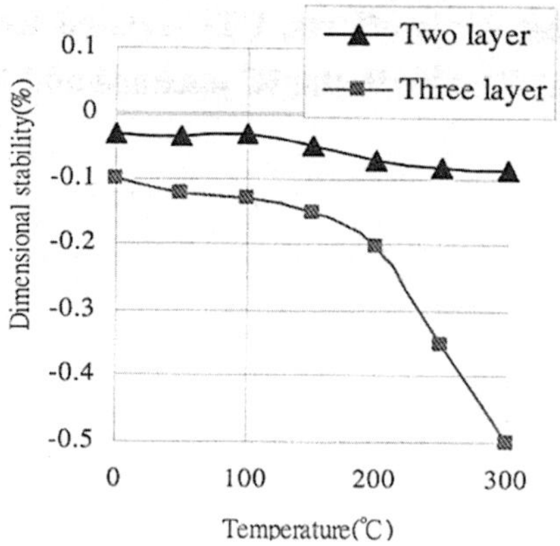

▎그림 7.28 ▎ 2층 구조와 3층 구조의 FCCL의 치수 안정성 비교도

역시 마찬가지로 열 처리 시 2층 구조 FCCL의 치수 변화율이 3층 구조 FCCL보다 현저히 낮은 것을 알 수 있다. 특히 고온에서 차이가 크다.

③ 높은 굴곡 강도

2층 FCCL이 3층 FCCL보다 굴곡률 및 굴곡 강도가 뛰어나다.

④ 기타 특성

그 외에도 2층 FCCL의 장점은 적층 시 3층 FCCL보다 adhesive층이 없기 때문에 두께를 줄일 수 있고, 내부 Cl-성분의 적은 잔류로 이온 migration성이 적다는 점이다. 이것은 장기간 사용시 신뢰성을 보장할 수 있다는 것을 의미한다.

▎표 7.9 ▎ 2층 구조의 FCCL의 일반적 특성

Property	Peel Strength		Solder Float Resistance	Copper Tolerance	Dimensional Stability
			10 sec at 288℃		
Typical Value	1.2(kgf/cm)	0.8(kgf/cm)	Pass	±7%	±0.1%
Test Method	NO.2.4.9		NO.2.4.13	NO.4.6.2	NO.2.2.4
	Method B	Method C	Method B		Method B

7.4 Solvent free pre-preg

7.4.1 개요

1) Solvent free pre preg는 제조 공법 상 table coater와 pre preging machine에 의해 제조 가능하다.

2) Solvent free pre preg로 제조된 CCL은 일반 Solvent가 함유된 CCL에 비해 향상된 특성들이 있다.

3) 기존 pre-preg는 Varnish 점도를 낮추기 위해 aceton 및 methyethylketon(MEK) 등을 사용하며, 기타 dimethy formamide, ethylen glycol monomethy ether, proptylene glycol monomethyl ether 등의 유독성 용제가 epoxy 경화제에 용해되어 dicyandiamide(DICY)를 생성하는데 이는 인체에 유해하다.

7.4.2 특성 비교

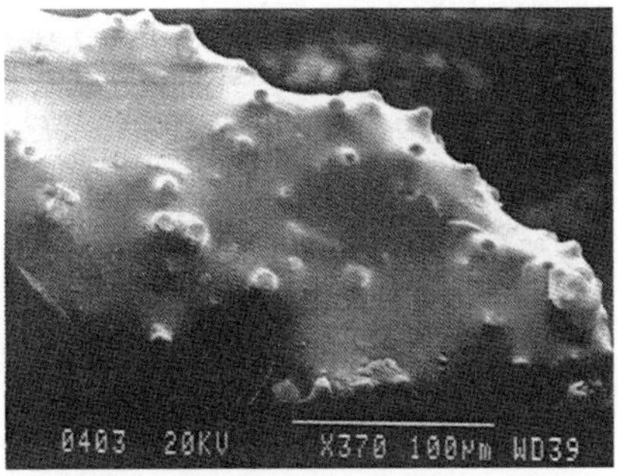

▌그림 7.29▌ pre-preg의 fiber 전자 현미경 사진

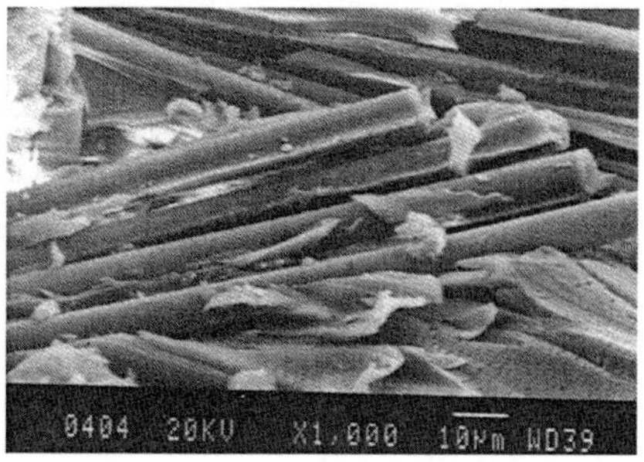

▌그림 7.30▐ 적층 후 Laminate의 전자 현미경 사진

1) Solvent free pre-preg는 resin의 fiber 내로의 뛰어난 wetting성을 들 수 있다. 수지의 함침이 잘된다는 것이다.

2) 함침의 결과, Laminate 적층 후 Void가 없는 것으로 확인되었다.

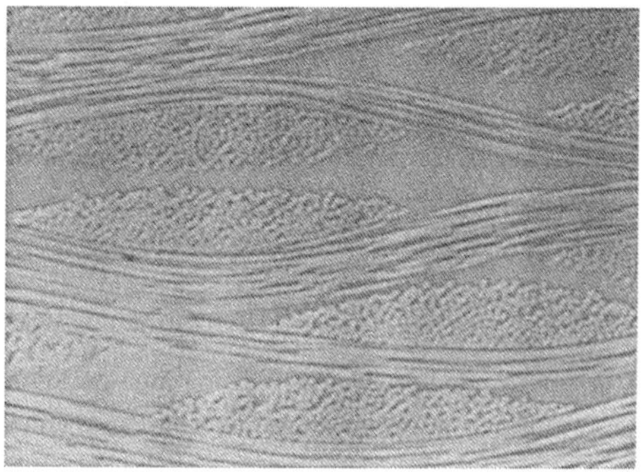

▌그림 7.31▐ Solvent free pre preg Laminate의 X-Section 도

▌표 7.10▐ Solvent free Laminate의 특성

Laminate properties	Table coater	Lab. prepregging M/C
Tg(℃)	151	158(La.)
CTE(Z-axis, above Tg, ppm/℃)	215	229
Flammability(UL94)	V-5	V-0
Flexural strength(Psi)	61,900	59,407
Peeling strength(1oz Xopper, 1b/in)	-	9.5
T-260(min)	-	25
Water uptake(%)	0.20	0.19

위 표 7.10은 두 가지 제조 방식(Table Coater와 pre pregging M/C)의 차이를 비교 설명하고 있다.

▌그림 7.32▐ prepregging 공정의 Solvent free pre-preg 제조 사진

7.5 LCP(Liquid Crystal Polymer)

7.5.1 개요

LCP는 flexible PCB 제조에 적합한 절연 재료이다. 주요 특성은 다음과 같다.

1) 열 팽창 계수(CTE)는 17ppm/℃로 Cu의 열 팽창 계수와 거의 동일하여 공정 진행 시 변형이 잘 안 된다.

2) 치수 안정성이 0.05% 이하로 타 재료에 비해 안정적이다.

3) high speed 전송 회로에 맞게 Dk(유전율)은 2.9로 낮다.

4) 또한 안정적인 전기 특성을 유지하기 위한 낮은 Df(=0.002)를 갖는다.

5) 고온에서 안정적이고, 환경 친화적이다.

6) halogen free로 친환경적이다.

7.5.2 LCP 기판의 장점

1) adhesive 층이 없으므로 두께를 줄일 수 있다.

2) 얇은 고밀도 Chip package, LCD Drivers에 적용이 가능하다.

3) plating via hole의 신뢰성, 휨 등에서 기존의 PI보다 우월하다.

4) 열적 안정성, 치수 안정성이 우수하다.

7.5.3 적용

1) 컴퓨터 : IC Packages(TBGA, CSP), inkjet Cartridge Circuits, LCD driver Circuits

2) 네트워크 및 전송 장치 : flex connector(routers, switches, Servers), high speed jumper cables

3) automotive : engine Control modules, Collision avoidance Systems, Under hood Controls

4) medical : hearing aids

5) military and aerospace : RF antenna, Satelites, Radar System

7.5.4 LCP의 재료 해석

1) Package size/weight reduction

① film 두께는 25㎛ 이하 film에 적합하다.

② 12㎛ 이하의 Cu를 적층할 수 있다. 또한, Sputtering 공법 적용 시 6㎛ 이하까지도 가능하다.

2) 아주 낮은 흡습률

흡습률이 0.04% 이하로 낮다.

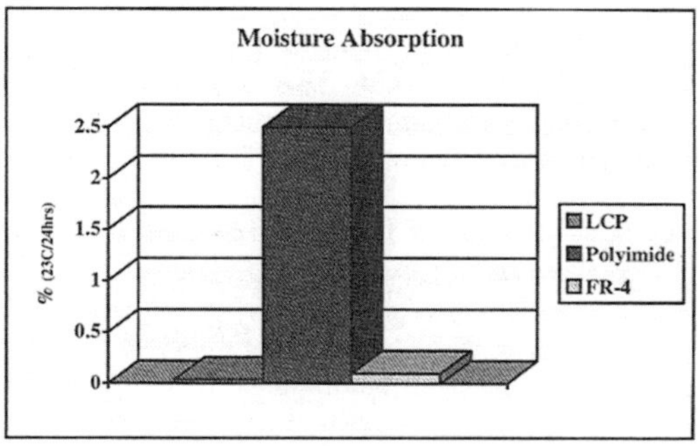

【그림 7.33】 LCP 흡습률 비교도

3) 단축된 제조 시간

저 흡습률로 backing cycle time을 최소로 실시해도 되므로 제조 시간이 줄어든다.

4) 향상된 신뢰성 및 안정성

① 저 흡습률로 안정된 전기적 특성을 갖는다. 즉, 넓은 범위의 환경 조건에서도 안정적이다.

② 저 흡습률로 부식성 및 Solder 결함이 거의 없다.

5) Impedance Control 회로에 적절하다.

① LCP의 얇고, 균일한 두께, 균일한 Dk는 Impedance Control을 40~60Ω 유지가 가능하게 한다.

② Impedance가 50±5% 내로 유지 가능하다.

6) 매우 뛰어난 치수 안정성

① 수축성이 매우 낮다.

② 치수 안정성은 ±0.05% 이내이다.

③ 따라서, 필름 보상치 적용을 최소로 할 수 있다.

7) 뛰어난 내성

① chemical 및 환경에 대한 내성이 뛰어나다.

② inkjet printer의 약통(Cartridge)의 Tab 회로 적용에 적합하다.

8) 열 팽창 계수의 적합성

① 열 팽창 계수는 Cu의 CTE와 거의 동일하다.

② X, Y 축의 열 팽창 계수는 17ppm/℃로 최소 필름 보정치 적용이 가능하다.

9) 양호한 접착력

Cu와의 peel strength는 기준 이상이다.

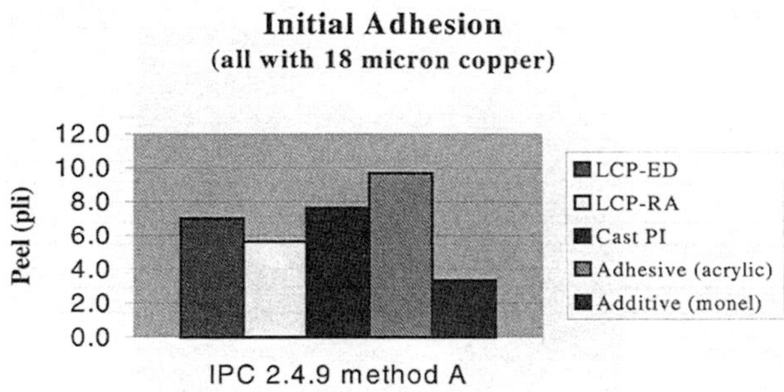

그림 7.34 LCP-Cu의 접착력(적층 후)

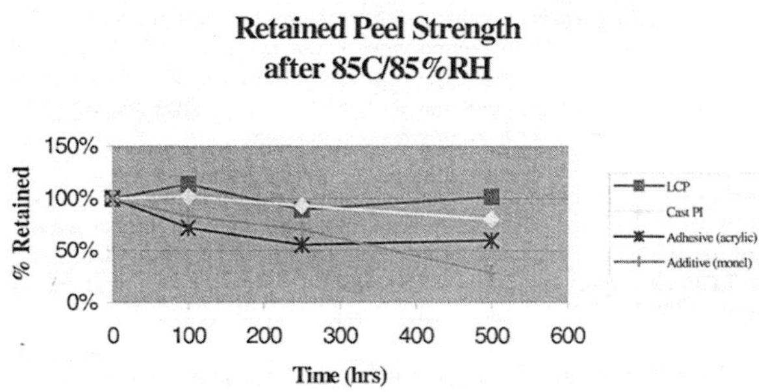

그림 7.35 85℃, 85% RH 처리 후 LCP-Cu의 접착력 비교

7.5.5 LCP Lamination

LCP Lamination 시 수율을 높이기 위해 Contamination 없는 제조 환경이 필요하며, 보통 Lamination room은 Class 10,000 유지를 기본으로 한다.

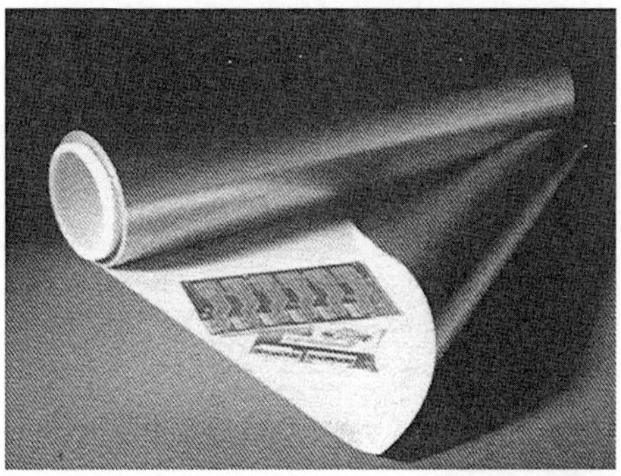

그림 7.36 LCP 사진 (2mil LCP/0.5oz 전해 동박)

7.5.6 LCP flexible PCB 제조 방법

1) pre-baking

① 타 CCL과 달리 LCP는 저 흡습률로 처리할 필요가 없다.

② 예방 차원에서 125℃, 15분 정도의 짧은 Baking이 추천된다.

2) pre-clean/Dry

① 황산 또는 불산 수용액의 100℃ 이하에서 침적 처리한다.

② D.I 수세 및 건조(125℃, 30분) 처리한다.

3) photolithography

① 일반 flexible 제조 공정이 적용된다.

② 해상도가 50/50㎛ 회로 제조가 가능하다.

③ LCP의 L(Length) 방향에 -12㎛/inch, C(Cross) 방향에 +6㎛/inch 보정률을 적용한다. 세부 공정은 다음과 같다.

Photoresist 도포 (LPR&D/F 적용)

↓

Imaging (Line lithography tool 노광, 저농도 Na_2CO_3로 현상, 수세, 건조(125℃,30분))

↓

etching (일반 부식액 사용)

↓

Stripping (저농도 알카리 용액으로 130℃ 이하에서 처리, 수세, 건조(125℃,30분))

4) Drilling

① mechanical 드릴

infeed rate(chip load)는 0.05~0.08mm/rev, Cutting 속도는 200~300ft/분, refeed rate는 fast로 가공한다.

② Laser 드릴

일반적으로 CO_2는 10배, Yag는 3배 정도 가공이 가능하고, $Mn0_4$ 또는 O_2 Plasma 처리로써 Laser 잔류 Smear 세척이 필요하다.

5) etch Back

etch Back은 필요 시 처리하는데 oplasma가 효율적이며 $CF_4/N_2/O_2$ gas로는 10~15분, N_2/O_2 gas로는 20~30분 처리가 적당하다. 이 plasma system은 6,000~8,500 Watt의 Power를 적용하는 것이 일반적이다.

6) plating

도금은 Direct metal plating(특히, Shadow Plating)이 가장 좋고, 무전해 동도금 적용 시에는 낮은 도금률로 최적 조건에서 처리해 주어야 하는데, 거의 모든 finish 처리 적용이 가능하다.

7) Solder mask 또는 Cover film

Solder mask는 epoxy Base S/M 가 적합하며, Rigid-fiex 및 FR Coverlayer 소재에도 적합하다.

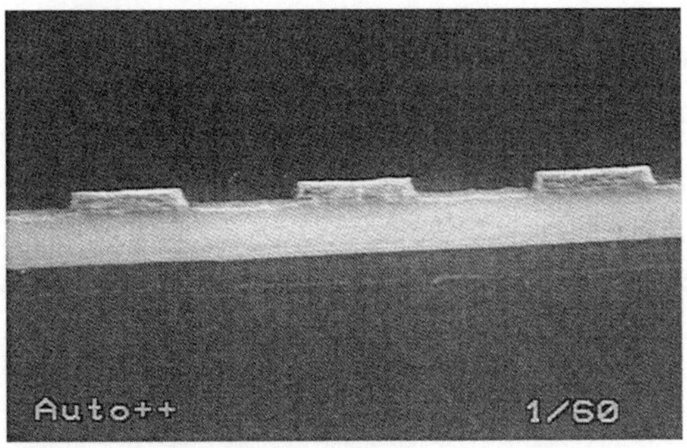

▌그림 7.37▐ LCP로 제조된 sigle clad LCP 기판 모습(3mil/3mil(L/S)의 회로를 갖는 2mil 두께의 LCP (0.5oz 전해 동박))(측면)

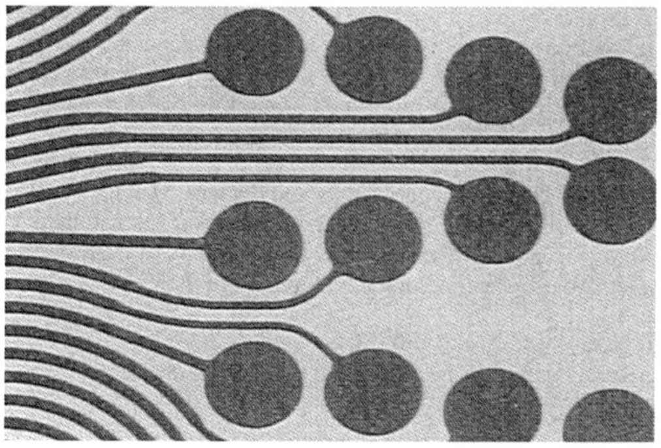

▎그림 7.38▎ 그림 7.37의 윗면 모습

7.6 High Tg halogen free CCL

7.6.1 개요

1) 현재 PCB 산업에서는 halogen Base의 난연성의 브롬(Br)이 첨가된 epoxy resin의 FR-4 CCL이 많이 쓰인다.

2) 환경 영향을 미치는 문제로 현재 환경 친화적인 재료가 개발되었다.

3) halogen free Laminate는 일반적으로 140~150℃의 Tg를 갖는데 이것의 내열 강도를 높이기 위해 high Tg halogen free Laminate를 개발하고 있다.

4) high Tg halogen free PCB

① high Tg를 갖는다.
② 뛰어난 내열성과 lead free 적용을 위한 열적 안정성을 갖는다.
③ 일반 FR-4 제조 공정과 동일하다.
④ halogen, antimony, red phosphorus free이다.

7.6.2 특성

1) flame retardancy(난연제)

① Base는 phosphorus이다.

② mechanism은 다음과 같다.

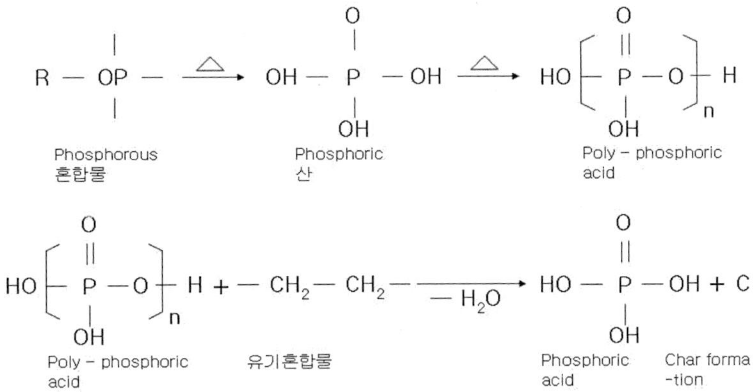

그림 7.39 flame – retardancy mechanism of phosphorous – type combination system

2) inorganic(무기물)–filler(충진제) 혼합물의 영향

① inorganic-filler Compound(무기 충진 혼합물)로 AI(OH)3 등의 성분이 들어 있는데, 이것이 flame retardants의 역할을 한다.

② resin량은 감소하고 수소계 무기 충진 함량은 증가하므로, flame retardant 효과가 있다.

③

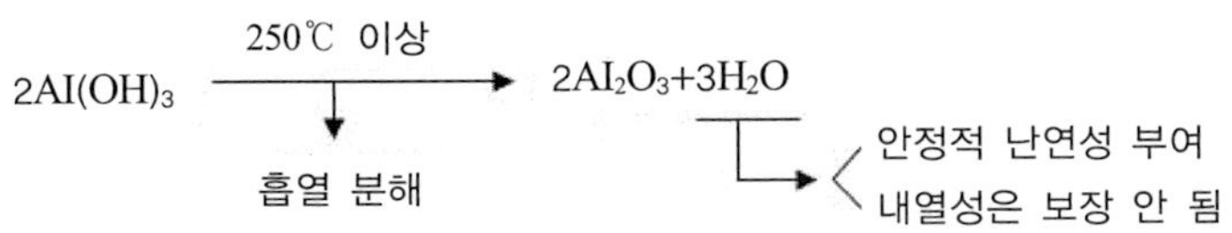

아래 그림 7.40에서 수소계 filler ATH의 농도가 높아짐에 따라 난연성과 내열성이 함께 떨어지는 것을 알 수 있다.

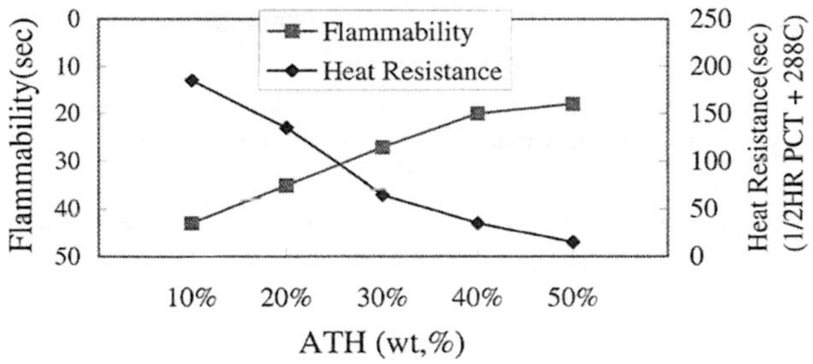

┃그림 7.40┃ 수소계 filler ATH(halogen free Laminate 내의)의 영향

④ high Tg halogen free Laminate는 반응성 type의 Phosphorous flame retardant 를 함유한 것이 필요하다.

3) 일반적인 성질

┃표 7.11┃ high Tg halogen free Laminate의 일반적 성질

Characteristics	Unit	Conditioning	High Tg Halogen-Free	Conventional FR-4
Volume resistance	MΩ-cm	C-96/35/60	2.7×108	2.6×107
Surface resistance	MΩ	-	1.9×107	1.3×107
Permitivity(1MHZ)	-	C-24/23/50	4.63	4.58
Loss tangent(1MHZ)	-	C/24/23/50	0.014	0.018
Flammability	-	C-24/23/50+E-24/125	94V0	94V0
Peel strength 1oz	LB/in	288℃×10" Solder float	9.0	11
Solder heat resistance	Sec	288℃ dipping	200↑	200↑
Glass transition temp	℃	DSC	172	140
		TMA	161	128
Coefficient of thermal expansion Z-axis before Tg Z-axis after Tg	ppm/℃ ppm/℃	TMA TMA	35.3 160	57.1 298
XY axis	ppm/℃	TMA	11~14	15~18

일반 FR-4보다 Tg는 높고(TMA법 : 161℃) 열 팽창 계수(CTE)는 X, Y, Z 축에서 모두 낮다. 이것은 P.T.H의 신뢰성을 높인다.

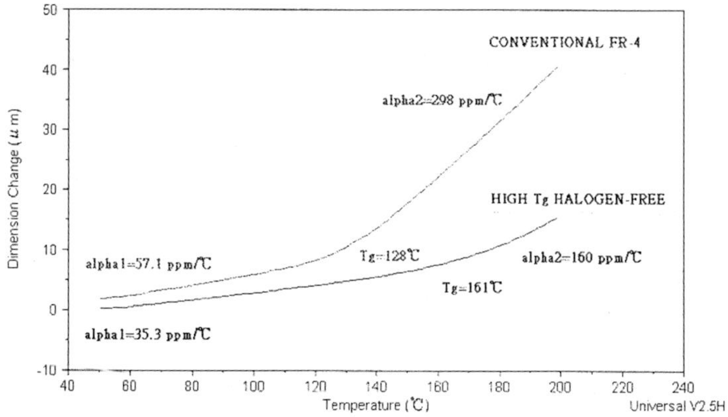

❙그림 7.41❙ high Tg halogen free FR-4와 FR-4 간의 Z축 열 팽창 계수의 차이도

위 그림 7.41에서 보면 high Tg halogen free FR-4는 일반 FR-4에 비해 낮은 열 팽창 계수를 갖는다. 특히, α2(고온 열 팽창 계수)에서 큰 차이를 보이고 있다.

4) 장기간 열적 조건에서의 Cu의 peel strength

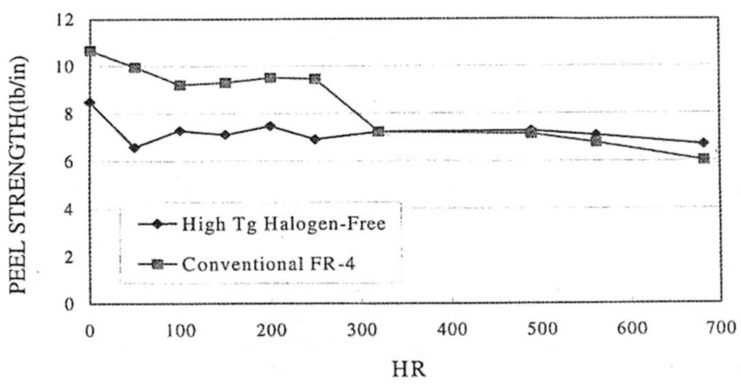

❙그림 7.42❙ 장기간 열적 환경 하에서의 Cu의 peel strength 차이도

① 보통의 조건에서 FR-4보다 peel strength가 떨어진다.

② 장기간 조건(177℃ 이하에서)에서는 peel strenth 하강률이 FR-4보다 느리다.

③ TGA Test 결과 high Tg halogen free Laminate가 뛰어난 열적 안정성을 보인다.

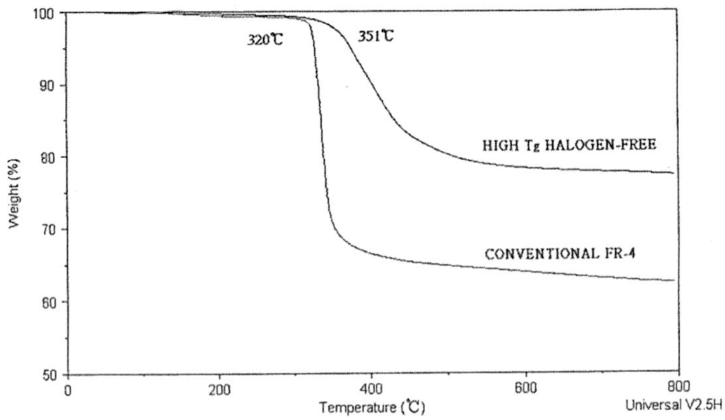

▌그림 7.43▐ high Tg halogen free와 일반 FR-4의 TGA Test 비교

④ Lead free 공정에서 특히 신뢰성이 보장된다.

5) 공정 특성들

① Bonding 조건

Melting Viscosity의 특성도는 아래와 같다.

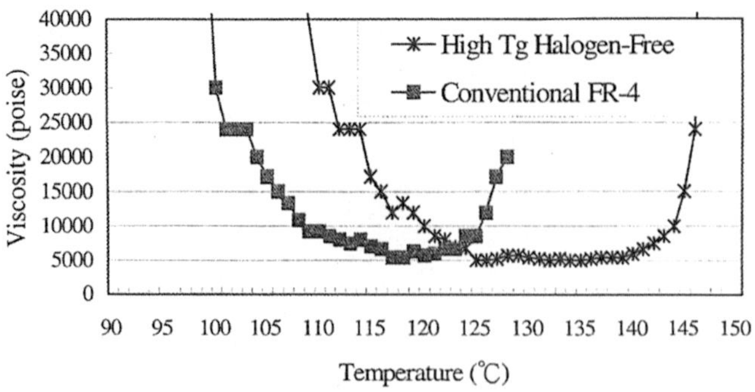

▌그림 7.44▐ melting viscosity

위 그림 7.44에서 보듯 high Tg halogen free Laminate의 melting range가 일반 FR-4보다 훨씬 높다. 이것은 작업 범위가 FR-4보다 넓다는 것을 의미한다.

② Chemical resistance

공정 약품에 대한 내성은 아래 그림과 같다.

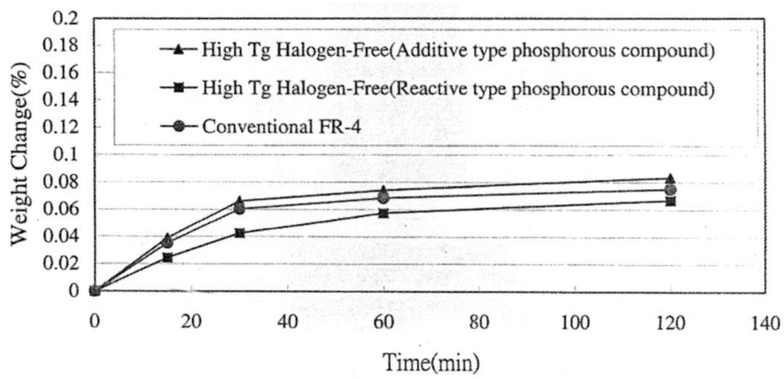

▌그림 7.45▌ NaoH 수용액(72℃, 40g/l)에 침적 후 무게 손실량도

위 그림 7.45에서 high Tg halogen free Laminate의 경우 반응성 type이 첨가성 type보다 무게 손실이 적다.

③ 신뢰성 Test

Termal Shock Test 결과는 다음과 같다.

▌표 7.12▌ Thermal shock Test 조건 및 결과

Test	조건	결과
Thermal shock Test	−65℃ (30분) ↔ RT (5분) ↔ 125℃ (30분)	1,000cycle 후 저항 변화 ; 10% 이내

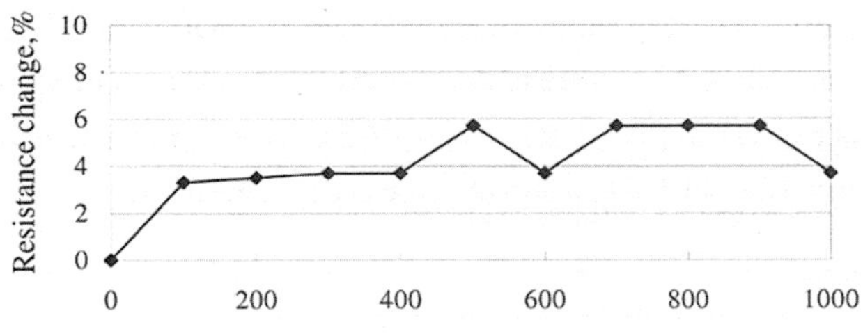

▌그림 7.46▌ Thermal shock Test의 저항 변화도

위 그림 7.46에서 보면 Thermal Shock Test Cycle 수가 상승함에 따라 저항 변화율이 상승하지만 크게 상승하지는 않는다.

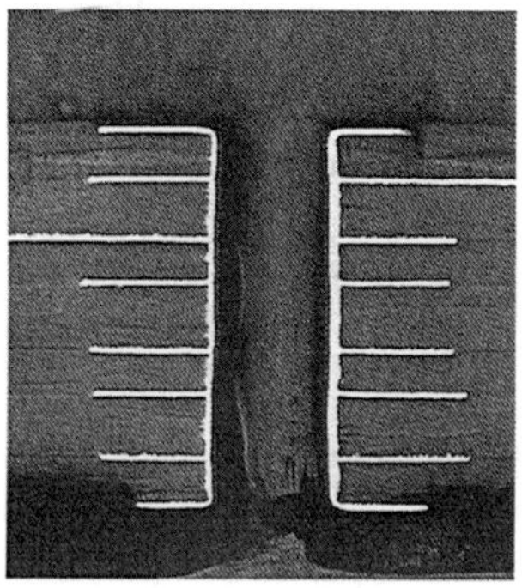

▌그림 7.47▐ Thermal shock Test cycles(1,000회) 후의 홀 속 X-section 사진

위 그림 4.47에서, Through hole의 Thermal shock 1,000 Cycle 후에도 홀 속 신뢰성에 문제가 없음을 알 수 있다. Thermal Stress Test 결과는 아래 그림과 같다.

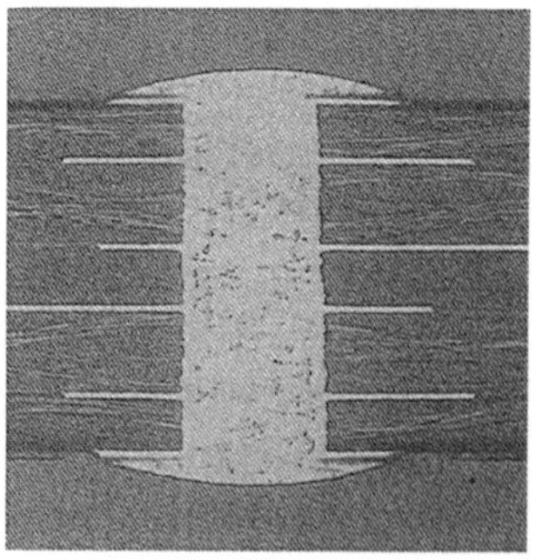

▌그림 7.48▐ 솔더 dip(288℃, 10초, 6회) 후의 홀 속 X-section 사진

위 그림 7.48에서 보듯이 Thermal Stress Test 결과 역시 양호한 것으로 나타났다. 즉, delamination, resin recession, hole wall pull away 등이 없다. CAF(Conductive Anodic Fillament)Test 결과는 다음과 같다.

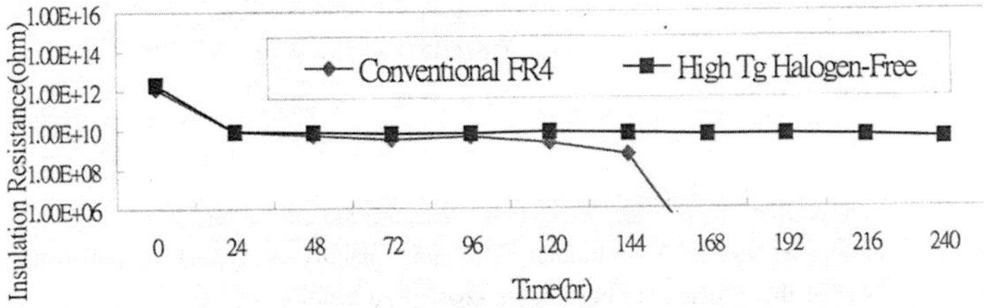

【그림 7.49】 high Tg halogen free와 일반 FR-4의 CAF Test 비교도

위 그림 7.49에서 보듯 120 시간 후 절연 저항이 FR-4에서 급격히 떨어짐을 알 수 있고, high Tg halogen free는 240 시간 후에도 일정함을 알 수 있다. Test 조건은 아래와 같았다.

- PCB 두께 : 1.6㎜
- 시험 전압 : 50V DC
- hole wall 간 간격 : 0.4㎜
- 조건 : 85℃ / 85% RH
- hole Φ : 0.35㎜

7.7 Laser 드릴용 E-glass 재료

7.7.1 Laser 드릴용 재료

1) 일반 재료와 비교 시 glass fiber 분포에 차이가 있다.

2) 일반 재료와 비교 시 glass fiber 분포가 훨씬 균일한 분포로 되어 있다.

3) 일반 재료는 공동 부위와 glass 부위의 Laser 광의 energy 차이가 발생한다.

▌그림 7.50▐ Laser 드릴용 1080

▌그림 7.51▐ Laser 드릴용 106

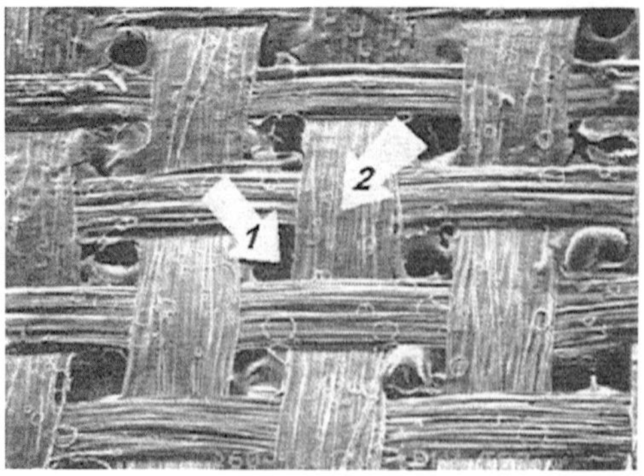

▌그림 7.52▐ 일반 FR-4 1080

7.7.2 Laser 드릴 홀 품질 비교

1) CO_2 Laser 드릴

【표 7.12】 Laser 드릴 조건

	Pulses(shot)	pulse energy (mj/shot)	총 energy(mj)	
1080 106	8	5.8	46.4	※홀Φ; 0.15Φ
LD 1080 LD 106	5	7.5	37.5	

일반 1080/106의 glass fiber가 충분한 부분에서만 Via 홀의 품질이 양호하고, 공동 부위에서는 찌그러진 홀이 형성되었다. 이것은 Laser energy가 glass fiber resin이 풍부한 부분에서는 적절하지만, 공동 부위에서는 과다하여 resin을 과도하게 제거하기 때문에 발생하는 것으로 분석된다. 아래 그림은 이것을 보여 주고 있다.

【그림 7.53】 일반 1080 glass fiber의 고밀도 영역에 위치한 via 홀

【그림 7.54】 일반 1080 glass fiber의 공동부위에 위치한 Via홀

LD(Laser Drill용) 1080/106은 균일한 glass의 분포로, 고정된 Laser energy로 좋은 품질의 Via 홀 형성을 가능하게 한다.

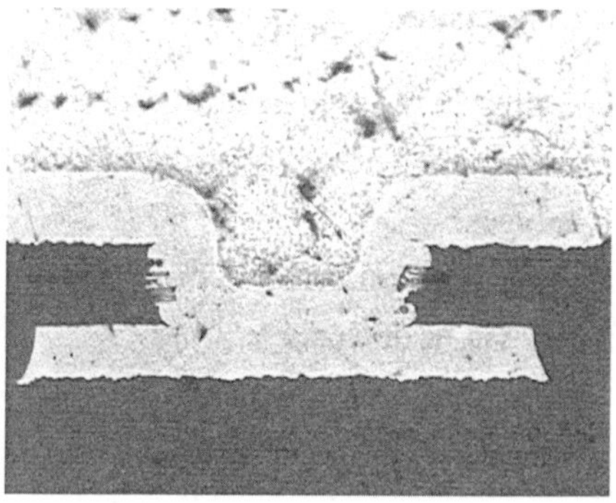

【그림 7.55】 LD 106의 Laser 가공된 Via 형상

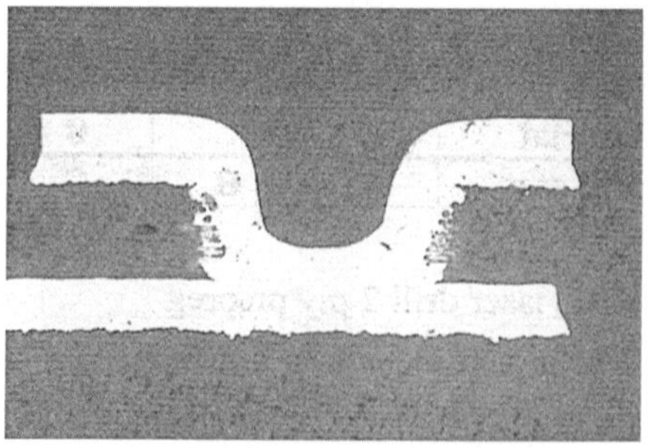

【그림 7.56】 LD 1080의 Laser 가공된 Via 형상

2) 생산성과 원가

① LD 1080/일반 1080/RCC 비교

【표 7.13】 생산성 비교

	RCC	1080	LD1080
Via Φ	6 mils (0.15Φ)		
Via 수	31.272		
드릴 시간(min/PNL)	3.82	7.92	5.58
생산량(PNL/day)	358	173	217

위 표 7.13에서 보면 LD 1080은 일반 1080보다는 생산성이 높고, RCC보다는 생산성이 낮은 것으로 나타난다. 여기서 LD 1080이 일반 1080보다 생산성이 높은 것은 Laser 광의 적은 pulse 적용으로 가능하였다.

【표 7.14】 단가 비교

	RCC	1080	LD1080	
가치 하락 유지 관리 작업 단가	C	A	B	A : 고단가 B : 중단가 C : 저단가
재 료	A	C	B	
총 단 가	A	B	C	

위 표 7.14 단가 비교표에서 알 수 있듯이 총 단가 개념으로 볼 경우 LD 1080이 가장 적은 단가를 보였다.

3) 2ply pre preg의 Laser 드릴성

① 일반 1080과 LD 1080의 2ply pre preg 적용 시 모두 glass fiber가 겹치는 부분에서 드릴 어려움이 있어 Via 홀 신뢰성에 영향을 끼침을 알 수 있다.

【그림 7.57】 LD1080 2ply의 glass fiber 겹치는 부분이 CO_2 Laser 드릴 후 Via 형상

② LD 106의 2ply pre preg 적용 시에는 좋은 Via 품질 형성이 가능했는데, 이것은 LD106이 LD 1080보다 적은 glass 무게 때문으로 분석된다.

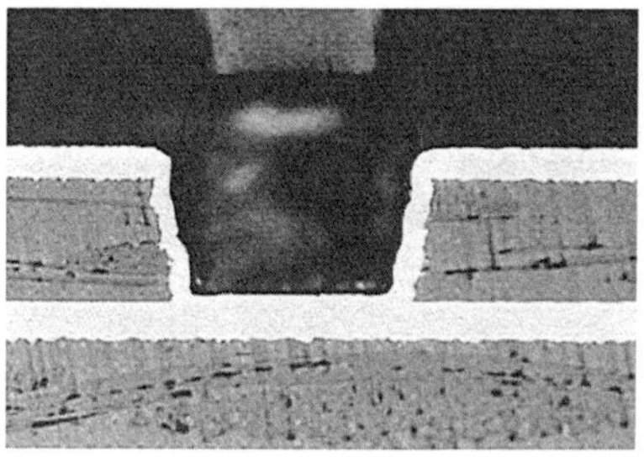

【그림 7.58】 LD106 2ply의 Co_2 Laser 드릴 후 Via 형상

【표 7.15】 2ply된 106과 LD106의 Co_2 Laser 드릴 조건

	pulse(shot)	pulse energy(mj/shot)	총 energy(mj)
106 2ply LD106 2ply	8	20	160

③ LD 106의 2ply pre preg 구조는 균일한 절연 두께, impedance Control 이 가능하다.

④ RCC보다 LD106이 glass fiber가 있으므로 신뢰성 면에 우수하다. 왜냐하면, glass fiber 층이 도금의 3접점 구조를 형성하기 때문이다.

7.7.3 HDI용 glass가 보강된 Laser 드릴용 pre-preg

1) 개발 배경

① 현재 RCCF(Resin Coated Copper foil)이 HDI(high Density intercon- nection)에 적용되어 오다가 X, Y 방향의 치수 안정성 문제의 발생 및 Impedance Control을 위한 두께 Control 문제, 편편도 및 기계적 강도가 떨어지는 문제 등으로 인해 고밀도 고다층 PCB에 부적합함을 알게 되었다.

② 기존 FR-4는 CO2 Laser 드릴시 품질 불량이 많이 발생되었다. 이에, 양호한 Laser 드릴용 glass-reinforced 재료(Laser preg)를 개발하게 되었다. 이것은 Low/No twist yarn의 glass fabric Woven의 구조로 되어 있어 치수 안정성이 우수하고 두께가 균일하고, Impedance Control이 가능하며, 열적 안정성이 우수하다.

2) HDI 적용 측면

① RCCF : 현재 Build up 기술을 사용한 HDI에 적용 중이나 두께를 80㎛ 이하로 제조하기가 어렵다. 이것은 곧 Impedance Control이 어렵다는 것이고, No glass 구조로 낮은 기계적 강도와 낮은 열적 신뢰성, 부서지기 쉬운 구조적 특성, 치수 안정성이 열악한 것 등의 문제점을 안고 있다.

② Laser preg : HDI 및 Build-up PCB에 적합하고 편편한 yarn 구조와 No/Low twist yarn을 사용하여 micro Via 홀 품질의 균일성, 도금 품질이 우수 등의 장점들을 갖고 있다.

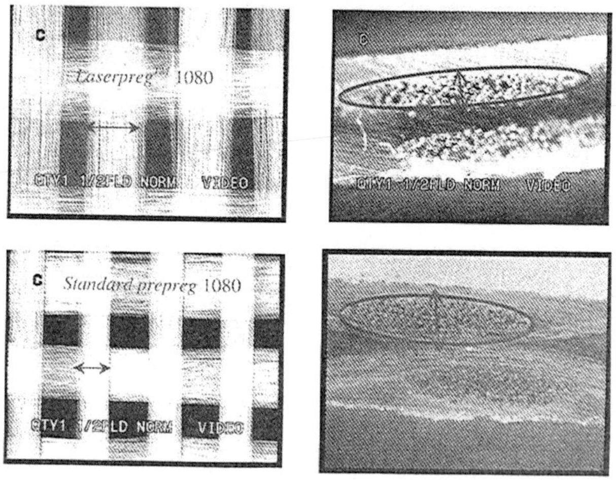

▌그림 7.59▐ Low twist Glass fabrics/일반 Glass fabrics의 Yarn 편편도 비교 사진

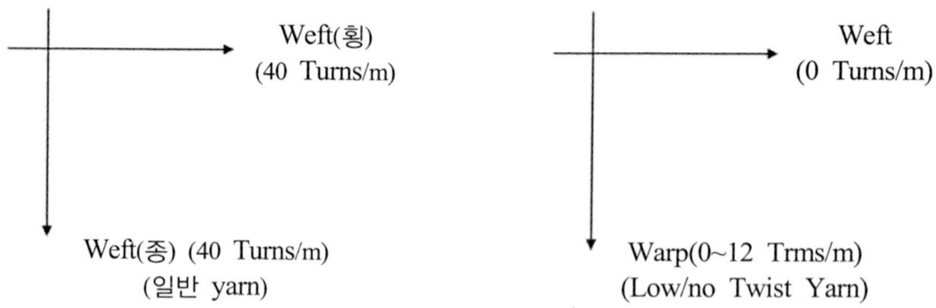

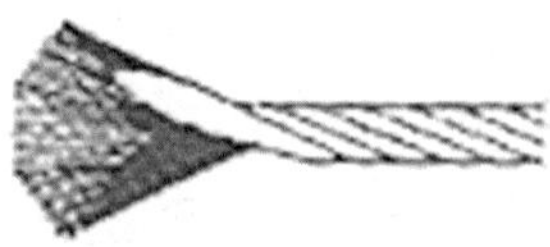

(Twist Yarn)

또한, Tg가 140～180℃로 다양한 종류가 있다.

3) 특성

① 치수 안정성

Laser preg와 일반 pre preg를 비교해 보면, 일반 pre preg의 yarn은 Twist 된 yarn을 사용하여 가열・냉각 시 용수철처럼 작용하여 팽창・수축이 발생되어 보드에 Twist를 야기한다. 반면, Laser preg는 no/low Twist yarn으로 X, Y축 치수 안정성이 우수하고 휨/비틀림이 훨씬 적게 발생한다.

| 표 7.16 | Laser preg와 일반 pre preg 치수 변화율 비교

LDP/일반	Warp(ppm)	Weft(ppm)
2 × 2113 LDP 2 × 2113 std	− 351 ± 22 − 460 ± 42	− 200 ± 80 − 476 ± 165
2 × 2116 LDP 2 × 2116 std	− 86 ± 22 − 437 ± 28	− 226 ± 96 − 268 ± 133
2 × 1652 LDP 2 × 1652 std	− 144 ± 25 − 302 ± 34	− 101 ± 72 − 136 ± 88

또한 Laser preg와 RCCF를 비교해, 보면 RCCF의 치수 변화율이 Laser preg보다 3배 정도 심함을 알 수 있다. 이것은 Build up PCB의 수율, 제조 원가에 악영향을 미치고 있다.

| 표 7.17 | 106LDP D/S VS, RCCF

치수 안정성	CTE(x,y) PPm/℃	CTE(z) ppm/℃
106 LDP	12~15	45~55
RCCF	30~40	60~65

또한, RCCF는 낮은 기계적 강도를 가지며, 특히 초박판에서 부스러짐성이 심하다. 반면, Laser preg의 glass 보강 층은 Z축의 resin crack을 근본적으로 방지한다.

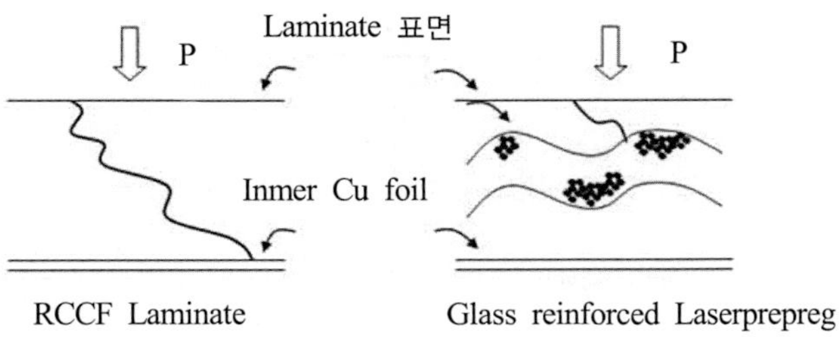

| 그림 7.60 | Glass fabric이 Z 축 Crack의 확장 방지 모형

② 두께 편차 Control

Laser preg의 특수한 yarn의 구조는 일반 pre preg의 두께 편차를 훨씬 앞서고, 표면 거칠기, wetting성 등이 일반 pre preg보다 우수한데, 이것은 No twist yarn과 Stress가 없는 yarn의 구조 덕택으로 분석된다.

일반 106의 공정능력분석 2mil 106LP의 공정능력분석

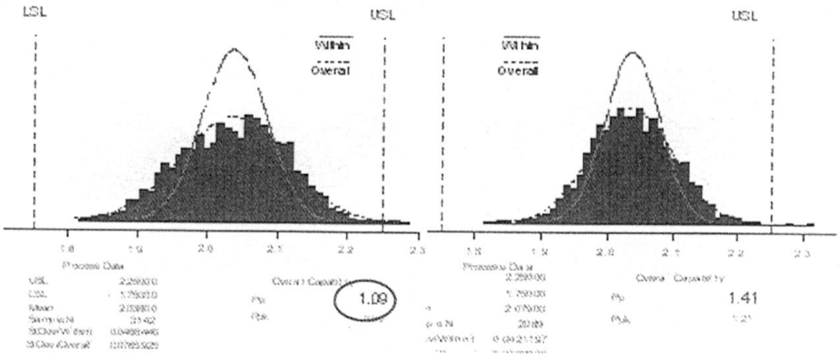

▌그림 7.61▐ Laserpreg 106LDP와 std 106G/F의 두께 편차 비교도

③ CO2 Laser 드릴성

Laser 드릴 가공성 역시 Laser preg가 우수하다.

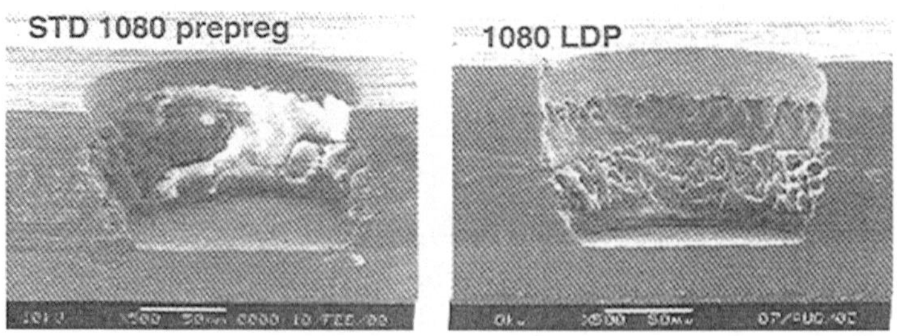

▌그림 7.62▐ 1080 LDP와 std 1080의 Laser Co_2 드릴 후의 Via 홀 사진

또한, 2ply 된 LDP의 CO_2 Laser 드릴 가공성 면에서 2ply 1065 두께의 Φ140㎛ 드릴 가공성 역시 양호한 것으로 파악된다.

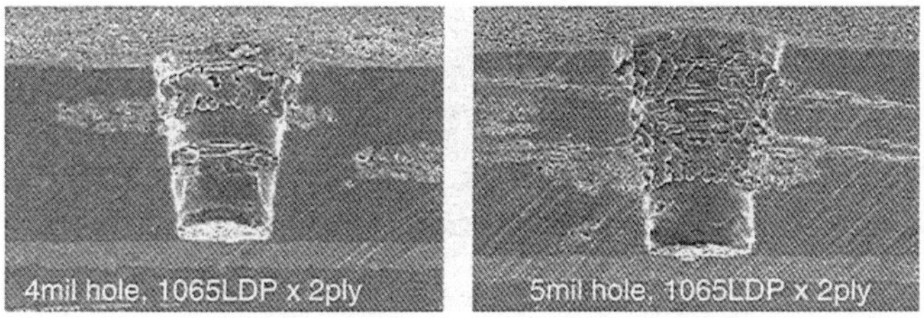

▌그림 7.63▌ 1065 Laserpreg 2ply CO_2 Laser 드릴 된 Via 사진

▌그림 7.64▌ 1065 Laserpreg를 사용한 1 Layer, 3Layer의 Build up PCB 사진

④ 적용

Laser preg를 사용해서 주로 HDI PCB(GPS, PDA, Back plane, WLAN, Server, Cellular phone 등에 들어감)를 제조한다.

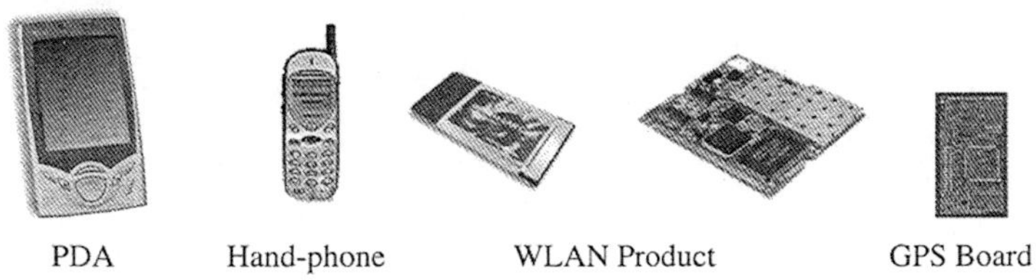

▌그림 7.65▌ Laserpreg로 제조된 HDI 제품군

⑤ 장점

이상에서 설명된 것을 정리해 보면 다음과 같다. 기계적 강도가 우수하여 치수 안정성, Z축 Crack 등을 방지하고 생산 효율성이 우수하여 Laser 드릴 Cycle이 단축되고, 두께 편차가 감소되고, 최적의 hole 메꿈성이 가능하며, 자유로운 회로 구

성이 가능하여 다양한 두께 달성이 되며, 열적, 전기적, 물리적, 화학적 특성이 우수하고, CO_2의 모든 Laser 드릴성이 우수하며, 일반 FR-4 적층 기술 적용이 가능한 것 등 장점이 상당하다.

7.8 Anti-CAF(Conductive anode filament) CCL

7.8.1 개념

1) CAF의 발생

CAF의 발생 원인의 근본은 PCB의 경박 단소화에 있다. 발생 경로는 Cu가 +극에서 분해되어 resin/glass fiber 층을 통해 −극에 이온 전이되어 전기적 Short를 야기하는 즉, 전기 화학적인 부식 과정이다. CAF의 발생 유형은 아래와 같다.

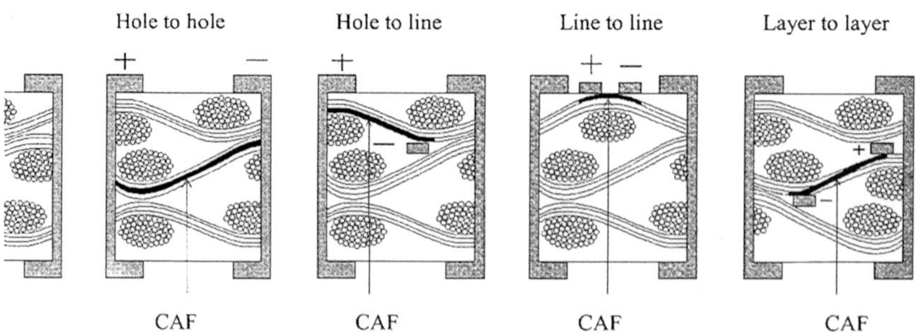

▮그림 7.66▮ CAF 유형

2) CAF의 원리

① 발생 과정

CAF는 resin/glass fiber 경계면에서 침식되어 path가 형성되고, 절연 저항의 저하로 2차적으로 전기 화학적인 부식 반응이 일어난다. 또, 이것은 습기에 노출된 경우 발생 빈도가 높고, 전기 화학적 과정에서 전압이 발생되어 anode의 Cu가

용해되어 ion화 된다. 이때, resin/glass 경계면을 따라 이온이 전이되어 Cathode로 이동하여 절연 저항이 저하되고 CAF가 발생된다.

② 원리는 다음과 같다.

$Cu \rightarrow Cu^{2+} + 2e^-$ (anode에서 Cu 용해)

$H_2O \rightarrow H^+ + OH^-$

$2H + 2e^- \rightarrow H_2$

이어서, Cu2+ + 2OH- → Cu(OH)2 (anode에서 Cathode로 Cu가 이동한다.)

$Cu(OH)_2 \rightarrow CuO + H_2O$

계속해서 $CuO + H_2O \rightarrow Cu(OH)_2 \rightarrow Cu^{2+} + 2OH^-$

$Cu^{2+} + 2e^- \rightarrow Cu$ (Cathode에 Cu도금이 된다.)

7.8.2 CAF의 영향 인자

주 원인은 습기, 전위차, 열악한 재료의 품질로 발생된다.

1) 작업 조건

고온, 고습한 환경은 재료의 흡습을 야기하고 이것은 절연성을 저하시키며, path를 형성한다. 이때, resin이 Swell 되며 Stress를 받아 resin/glass fiber의 틈을 발생시킨다. 이것은 전위 차가 클수록 쉽게 발생한다.

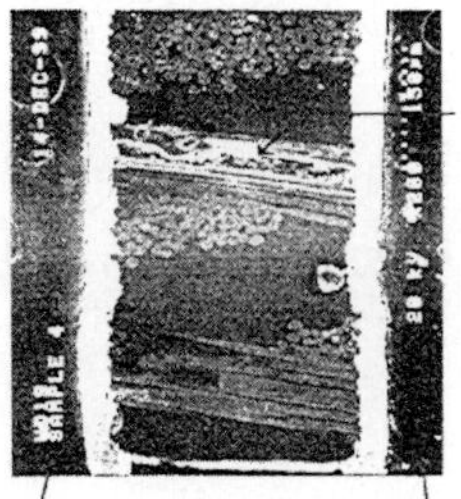

▌그림 7.67▌ hole-to-hole CAF 불량 X-Section 사진

2) Laminate 품질

① 주요인자는 glass cloth, resin, 함침, Lamination 등이다. glass cloth는 silane 성분의 흡습에 의한 가수분해가 glass와 resin의 들뜸을 유도한다. 이것은 glass fiber와 resin의 Bonding력이 중요함을 알 수 있고, 또한 resin 속의 ion 불순물이 근본적으로 없어야 부식 현상을 방지할 수 있다는 것이다. 따라서 high Tg 저흡습 resin에 의해 anti CAF이 가능하다는 것을 암시하며 BT, Cyanate ester, FR-5 등이 여기에 속한다. 함침 공정에서 wetting성의 상승은 곧 Bonding력을 증가시킬 것이고, 함침 공정에서의 이물질이 Conductive 매개물로 작용하여 절연 저하을 저하시킨다. 적층 공정에서는 Void가 습기 축적의 원인으로 작용한다. 적층 공정 시 조건, 즉 온도, 압력이 적절해야 하며, 적층 delamination은 CAF Path 역할을 한다. 드릴 공정의 거친 홀은 crack 및 delamionation, Void 등을 야기하여 습기 등의 통로 역할을 하여 CAF 형성이 가능하게 된다.

3) CAF Test

① Test 조건

환경적으로 습도를 85~95%RH, 온도를 60~90℃로 맞추고, 전압은 10V~100V DC(필요 시에는 10V~500VDC), 시간은 240~1,000 시간 처리하는 것으로 한다. Test pattern은 2Layer~10Layer로 하고 hole과 hole 사이 거리는 0.35~1.2mm, hole과 Line 사이 거리는 0.4~0.85mm, Line과 Line 사이 거리는 0.100~0.8mm로 시편을 만든다.

② Test 방법

매시간 자동으로 저항을 측정하는 on LLine Test 방식과 일정 간격으로 Chamber에서 꺼내서 측정하는 off Line Test 방식을 사용한다.

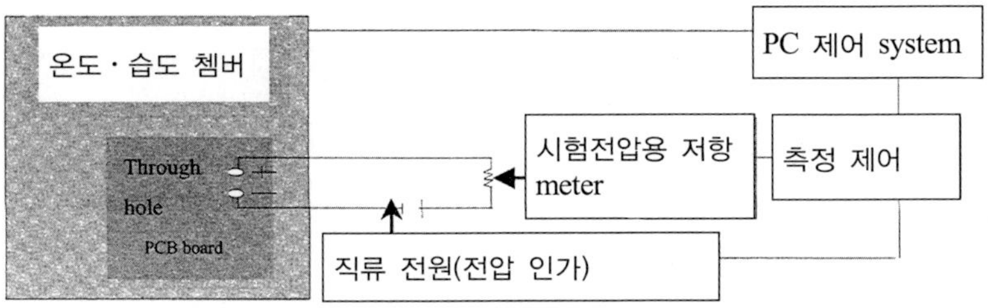

▌그림 7.68▐ on line test flow chart

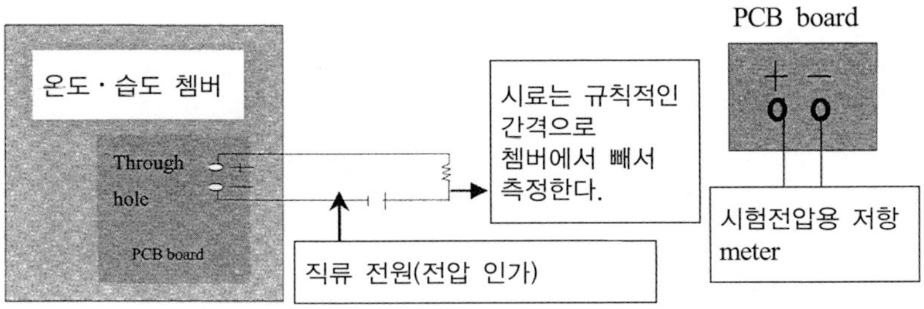

▌그림 7.69▐ off Line test flow chart

③ 판정 기준

절연 저항으로 on Line test에서는 106ohm 이상, off Line test에서는 108ohm 이상을 기준으로 한다.

▌그림 7.70▐ on Line test machine

▌그림 7.71▐ off Line test machine

④ 평가 방법

▌표 7.18▐ 여러 가지 Test pattern 및 조건

		Test1	Test2
회로	층	양면	8 층
	기판 두께	1.6mm	1.6mm
	홀 직경	0.7mm	0.35mm
	홀벽 간 거리	0.4mm, 0.5mm 0.6mm	0.35mm, 0.45mm
시험 조건	온도	85℃	85℃
	습도	85%RH	85%RH
	적용 전압	50VDC	50VDC
	측정 전압	500VDC	100VDC
	측정 주파수	시료는 쳄버에서 꺼내어 250 시간 IR(V) 측정 (off Line test)	시료를 24 시간 쳄버 내에서 IR(V) 측정 (on Line test)
총 시간			240 시간
판정 기준			106Ω 이하시 NG

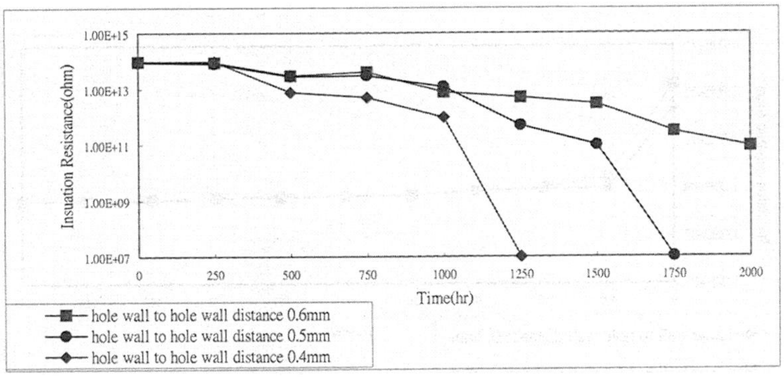

▌그림 7.72▐ 일반 FR-4 절연 저항(CAF) Test 결과

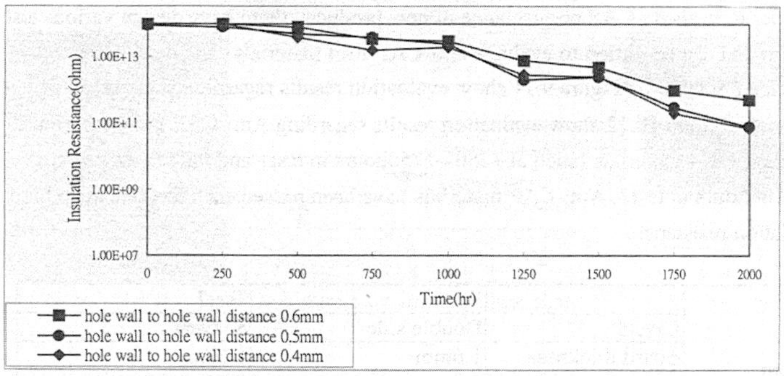

▌그림 7.73▐ anti CAF FR-4 절연 저항(CAF) Test 결과

위 그림 7.72, 7.73에서 보면 알 수 있듯이 절연 저항치의 처리 시간대별 감소 정도는 일반 FR-4와 anti CAF FR-4 사이에서 큰 차이를 볼 수 있다.

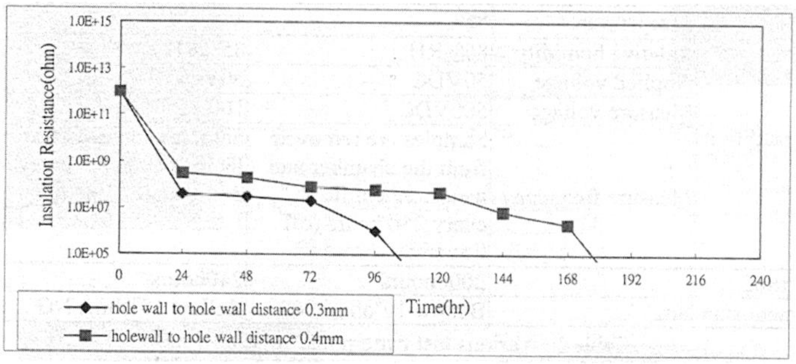

▌그림 7.74▐ 일반 FR-4 절연 저항(CAF) Test 결과

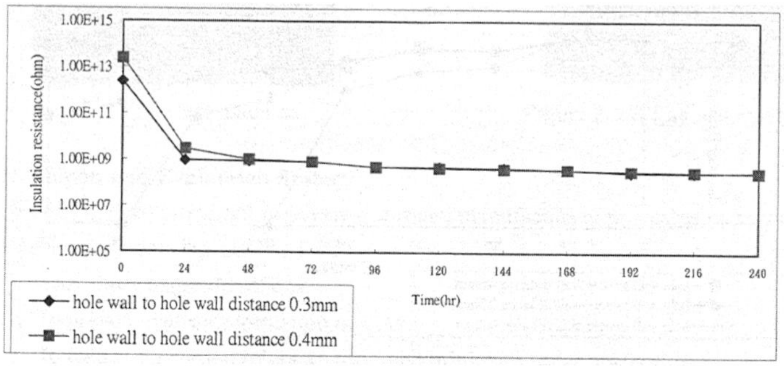

▌그림 7.75▐ anti CAF FR-4 절연 저항(CAF) Test 결과

위 그림 7.74, 7.75에서도 역시 일반 FR-4와 Anti CAF FR-4 사이의 절연 저항의 큰 차이를 볼 수 있다.

7.9 고주파용 PCB 재료

7.9.1 배경

high Tg, Low Dk, Low Df 소재는 최종 PCB의 전기적 신뢰적 특성을 갖는다. 적합한 재료로는 PPO/epoxy(Dk=3.9, 1MHz시, Df=0.012, 10GHz, Tg가 240℃(DMA))가 있다.

7.9.2 개념

1) PCB 기능 요구

증가된 Signal transmission Speed, Singnal 완전성의 요구에 적합한 재료가 개발되고 있다. 신호 전송 속도는 maxwell's eq에서 다음과 같이 계산된다.

$$Vp = \frac{KC}{\sqrt{\varepsilon_r}}$$ (Vp:신호 전송 속도, εr:유전율(Dk), C:광속)

위 식에서 알 수 있듯이 신호 전송 속도는 그 재료의 유전율에 관련이 크다. 또한, Signal transmission Loss = $K\frac{C}{f}\sqrt{D_K D_f}$ 로 표현되는데, 여기서 f는 주파수, C는 광속, D_k는 유전율 D_f는 손실 상수이다. 신뢰성에 관련하여 high Tg 재료는 적은 Z축 팽창으로 도금 후 홀의 Corner Crack 등에 유리한 면을 보인다.

2) 재료

① ppo/epoxy

구조는 아래와 같다.

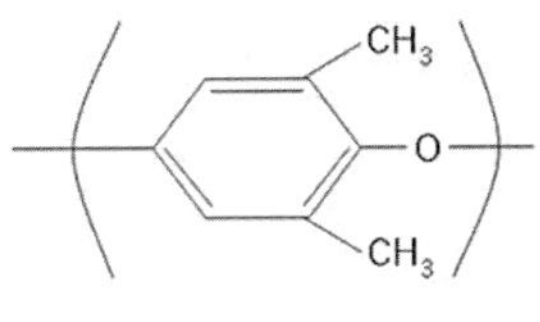

② Cyanate ester/epoxy

구조는 다음과 같다.

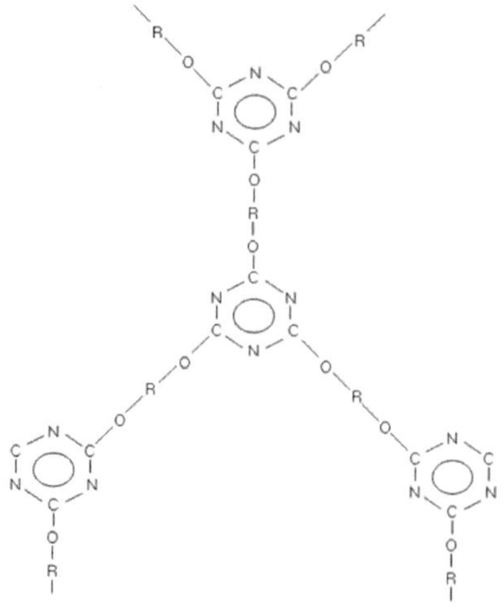

3) 성능 비교

① 적층

ppo/epoxy 및 cyanate ester/epoxy는 high Temp 170~180℃에서 60~90분 정도 적용하여 적층해야 한다.

② Desmear

일반적으로 FR-4보다 Desmear etch rate가 낮기 때문에 Desmear의 종류, 농도, 처리시간, 온도 조건 등의 변경이 필요하고 필요 시 plasma etching이 필요할 수도 있다. 또한 ppo/epoxy는 Sweller 온도가 높을수록 양호한 etching 효과를 볼 수 있다.

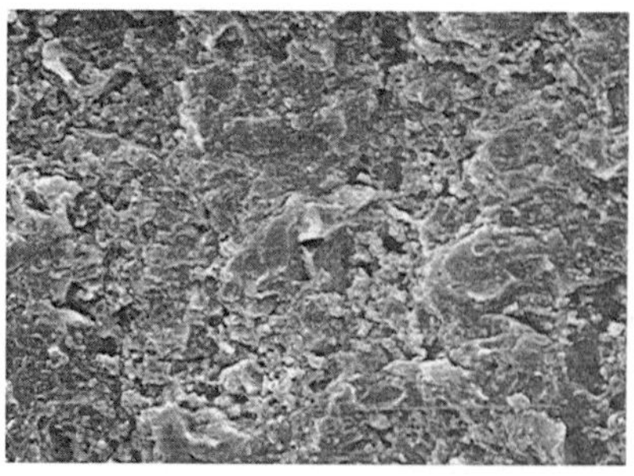

【그림 7.76】 ppo/epoxy의 Desmear 처리 전 SEM 사진

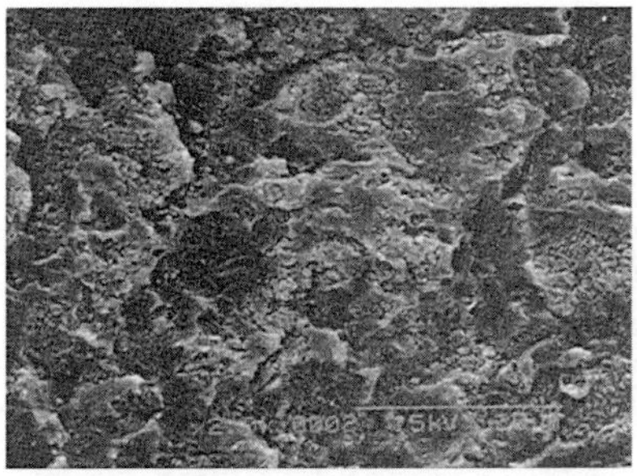

▎그림 7.77▎ Sweller 85℃에서 Desmear 처리된 ppo/epoxy SEM 사진

▎그림 7.78▎ Sweller 90℃에서 Desmear 처리된 ppo/epoxy SEM 사진

연속적으로 plating 및 thermal stress(288℃ X 10sec, 5 cycle) 후 신뢰성 평가 결과 양호하였다.

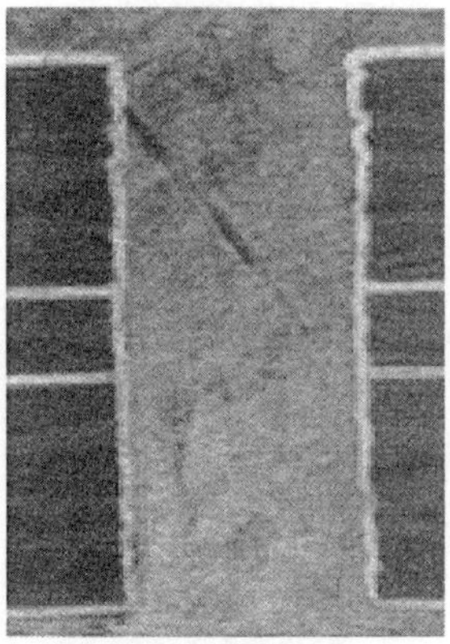

▎그림 7.79▎ Sweller 90℃에서 Desmear 처리된 ppo/epoxy의 thermal stress 5회 처리된 홀 상태 X-Section 사진

Cyanate ester/epoxy 경우에는 plasma etching 방법이 chemical Desmear보다 우수한 것으로 나타났다.

▌그림 7.80▐ Desmear 처리된 Cyanate ester/epoxy SEM 사진

▌그림 7.81▐ Chemical Desmear 처리 후 Cyanate ester/epoxy SEM 사진

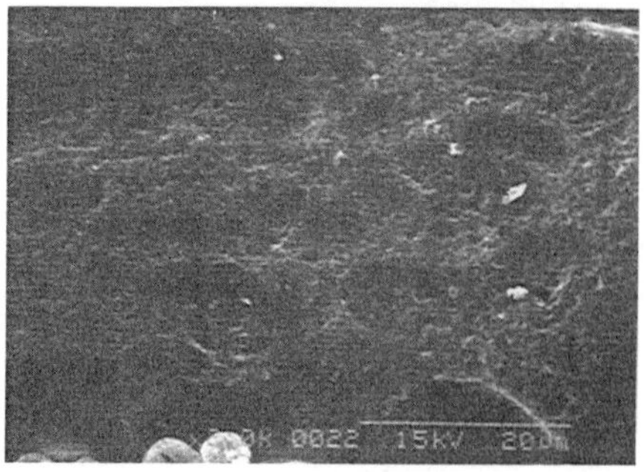

▌그림 7.82▐ Plasma Desmear 처리후 Cyanate ester/epoxy SEM 사진

연속해서 plating 및 thermal stress(288℃X10sec, 5Cycle) 후에 차이가 발생하였다. 즉, plasma Desmear된 홀은 양호하였으나, Chemical Desmear된 홀에서 Delamina- tion이 발생하였다.

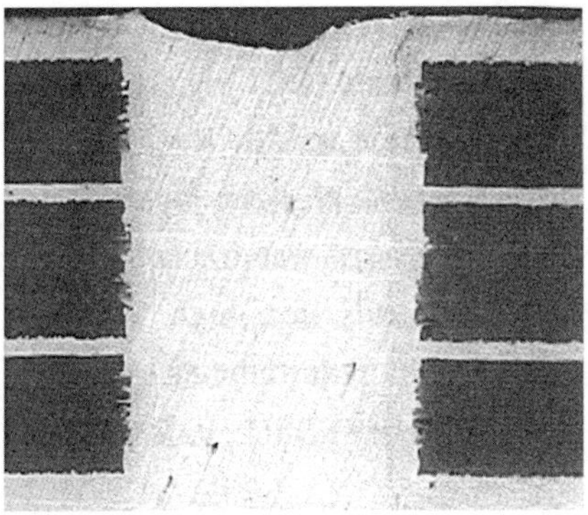

그림 7.83 Plasma Desmear 처리된 Cyanate ester/epoxy 홀의 thermal Stress 5cycle 후의 X-section 사진

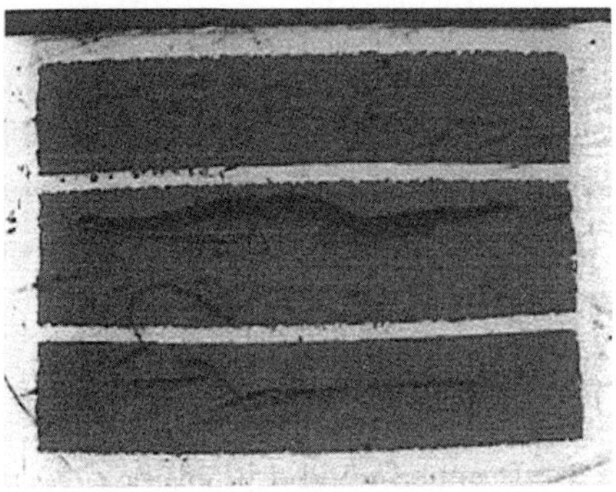

그림 7.84 chemical Desmear 처리된 Cyanate ester/epoxy 홀의 thermal Stress 5cycle 후의 X-section 사진

김형록

1989년 인하대 물리학과 졸업
1989~1996년 (주)한일써키트 기술부 근무
1997~1998년 영익무역(주) 기술영업팀장
1999~2000년 주양전자(주) 기술부장
2005년 청운대학원 공학석사학위 취득
2001~현재 혜전대학 디지털 전자디자인과 교수

정가 10,000원

PCB 재료기술학

2006년 2월 3일 초판 인쇄
2006년 2월 13일 초판 발행

저 자 : 김 형 록
발행자 : 이 연 우 · 우 명 찬
발행처 : **홍 릉 과 학 출 판 사**
주 소 : 서울시 강북구 수유5동 455-60
142-885
등 록 : 1976년 10월 21일 제5-66호
전 화 : 999-2274~5, 996-8341, 903-7037
팩 스 : 905-6729
e-mail : hongpub@hongpub.co.kr
http://www.hongpub.co.kr